WICHTIGER HINWEIS DAS BUCH GESUND, FRISCH & ENERGIEREICH ESSEN. ERNÄHRUNGSTIPPS UND REZEPTE FÜR ALLE JAHRESZEITEN, macht die Betreuung durch einen Arzt oder Psychologen nicht überflüssig, wenn der Verdacht auf eine Erkrankung oder gesundheitliche Störung besteht.
Die Informationen in diesem Buch sind nach bestem Wissen und Gewissen dargestellt. Die Autorin und der Verlag übernehmen jedoch keine Haftung für irgendwelche Schäden aus dem Gebrauch der in diesem Buch vorgestellten Methoden oder Rezepte.

DR. MED. YVONNE HÖFLINGER

Gesund, FRISCH & ENERGIEREICH ESSEN

ERNÄHRUNGSTIPPS UND REZEPTE FÜR ALLE JAHRESZEITEN

Oertel+Spörer

INHALTSVERZEICHNIS

WINTER
DIE WANDLUNGSPHASE WASSER 105

BILDNACHWEISE

Grafik S. 19: Simone Anderlan, Longo AG, I-Bozen
Bild S. 45: Roland Bengel
Bilder S. 106, 112: Julie Sabine Geiger

Andre B. S.44,47,54,61,70,72,79,83,100,103,124; Andre S.37,38,40,41,42,46,57,61,70,71,91,92,93,111,113,115,118,119; Barbara Pheby S.76; Betsy Baranski S.110,129; Carmen Steiner S. 33,39,110,114; Christian Jung S.88,101; darknightsky S.123; DramaSan S.101; Elena Schweitzer S.38,43,45,60,65,70,73,76,88,92,93,98,110,114,119,129,131; emmi S.100,127; ExQuisine S.51,77; Food S.33; fotogestoeber S.118; fredredhat S.44; Harald Lange S.79,97; Heike Rau S.36,90; Henk Bentlage S.88,94; hjschneider S.106,120; HLPhoto S.64,131; imago13 S.110,115; J.Sommer S.51; Jacky S.88,99,102; Jean Kobben S.26; Jeanette Dietl S.128; Joerg Mikus S.39,49,62,83; John Keith S.84; Jola B. S.130; junebreeze S.117; Kailash S.86; Kelvin Beecroft S.123; Klaus Eppele S.110,121; komar.maria S.75; LianeM S.49,110,116; Li-Bro S.72; mahey S.41,88,95,96; Maria.P. S.70,73,88; Marzia Giacobbe S.127; matka_Wariatka S.70,74,80,125; Michaela Pucher S.76; Mikael Damkier S.66; Oliver Rüttimann S.34; petrabarz S.35; PhotoSG S.46,78,83; picamaniac S.50; Quade S.121; racamani S.126; raumsafari S.32,70,77; Richard Oechsner S.90; Robert Emprechtinger S.74; Sandra Cunningham S.65; schenkArt S.110,125; Sebastian Kaulitzki S.19; Sebastiano Fancellu S.88,91; silo07 S.110,122; Sofie S.130; Sören Hese S.52; Stefan Balk S.51; susannwe S.126; Swetlana Wall S.89; Tatiana Belova S.50; Tatyana Nyshko S.89; Thomas Francois S.56,59,60; Unclesam S.43; Xaver Klaußner S.70,75; Yvonne Bogdanski S.111,117.

Alle restlichen Bilder von: Frau Dr. med. Yvonne Höflinger

Postfach 16 42 · 72706 Reutlingen

Umschlaggestaltung, Satz und Layout: Longo AG, I-Bozen
Druck und Einband: Longo AG, I-Bozen
Printed in Italy
ISBN 978-3-88627-482-6

DIE KRAFT DER TRADITIONELLEN REGIONALEN KÜCHE

Die traditionelle schwäbische Küche, die sich durch die Erfahrung von Generationen ortsansässiger Menschen herausgebildet hat, birgt aus Sicht der chinesischen Medizin ungeahnte Kräfte für die Gesunderhaltung in sich.
Der Inhalt dieses Buches soll Ihnen Lust machen, wieder im Kreislauf der Jahreszeiten alte kulinarische Traditionen in Ihrer Küche aufzugreifen. Ergibt es tatsächlich Sinn für unsere Gesundheit im Herbst mehr Zwiebelkuchen als zu jeder anderen Jahreszeit zu essen? Warum sollten wir am besten dazu auch neuen Wein trinken? Warum wohl sind Linsen mit Spätzle gerade im Winter für eine ausgeglichene Ernährung so wichtig?
Mit dem Know-how eines Teilgebiets der chinesischen Medizin, der chinesischen Diätetik, bekommen Sie in diesem Buch Antworten auf solche Fragen. Es erklärt Ihnen auch, wie Sie Hausmittel aus Lebensmitteln unserer Heimat im eigenen Kochtopf herstellen können und erläutert Ihnen, warum nicht immer eine Honigmilch für den Husten günstig ist, sondern ihn sogar verschlimmern kann.
Schon zu früheren Zeiten waren sich die Menschen in unserer Region durch Erfahrung der Wirkung ihrer Gerichte auf die körperliche Gesundheit bewusst, die jedoch heutzutage fast vollkommen in Vergessenheit geraten ist.

DR. MED. YVONNE HÖFLINGER

ist in Pfullingen als Fachärztin für Allgemeinmedizin mit den Zusatzbezeichnungen Homöopathie und Akupunktur niedergelassen. Sie hat im Rahmen ihrer Ausbildung in der Traditionelle Chinesische Medizin eine Weiterbildung in chinesischer Diätetik an der Universität Witten/Herdecke absolviert sowie ein Diplom für chinesische Diätetik an der Wiener Schule für Traditionelle Chinesische Medizin erlangt.

VORWORT

Dieses Kochbuch wird Sie durch das ganze Jahr begleiten. Es zeigt Ihnen, wie Sie durch einfache Maßnahmen nach Prinzipien der chinesischen Medizin, jedoch mit saisonalen und frischen Zutaten vorwiegend aus unserer Region, im energetischen, körperlichen und seelischen Gleichgewicht bleiben können. Zudem steckt laut der Traditionelle Chinesische Medizin in frischen und natürlichen Lebensmitteln weit mehr Energie als in verarbeiteten Fertigprodukten mit Zusatz- und Konservierungsstoffen. Produkte aus anderen Ländern wie z.B. Südfrüchte oder Kardamom und Ingwer sind jedoch zum einen eine willkommene Abwechslung in der regionalen Küche. Zum anderen ist dies auch aus Sicht der östlichen Medizin sinnvoll und bedeutet eine gesunde Bereicherung zu unseren traditionellen, einheimischen Gerichten.
Mancherlei Gewürze aus dem Orient wie Zimt, Vanille oder Koriander haben schon seit geraumer Zeit einen festen Platz in unserer heimischen Küche, wie z.B. in den Rezepten der Weihnachtsplätzchen. Auch die gesunde Knolle aus den südamerikanischen Anden, die Kartoffel, ist aus unserer traditionellen schwäbischen Küche nicht mehr wegzudenken. Denn, was wäre unsere Küche ohne den Kartoffelsalat oder die Schupfnudeln?

Besinnen Sie sich deswegen wieder auf unsere heimatlichen Traditionen. Kochen Sie je nach Jahreszeit energetisch ausgeglichen, um gesund und fit zu bleiben. Dieses Buch möchte Sie dabei begleiten und Ihnen Ideen und Anregungen bei der Umsetzung geben.

Danken möchte ich von Herzen meinen lieben Eltern Edith und Walter Höflinger und meinen Großmüttern, die in mir die Liebe zum Kochen und Backen von Kindesbeinen an gesät, genährt und gepflegt haben.
Außerdem ein großes Dankeschön an meine Lehrer der chinesischen Diätetik, Herrn Dr.med.Dipl. oec.troph. Uwe Siedentopp, Frau Susanne Peroutka sowie Herrn Dr.med. Stefan Kirchhoff und Herrn Thomas Kempfle und nicht zuletzt Frau Dr.med. Sepideh Moini-Baumgärtner für den ersten Anstoß zur TCM-Diätetik.

EINFÜHRUNG

Die Traditionelle Chinesische Medizin (TCM) besteht nicht nur aus der im Westen so bekannten Akupunktur. Vielmehr enthält sie weitere Teilgebiete wie die Kräutermedizin (chinesische Phytotherapie), die Ernährungsmedizin (chinesische Diätetik) sowie Massageverfahren (Tuina) oder Meridianbewegungs-Übungen (Qi Gong oder Tai Chi).

„DER GELBE KAISER“

Vor 4600 Jahren herrschte in China der Kaiser Huangdi, der während seiner Herrschaft mit seinem Minister Qi Bo über Ernährung, Lebensführung, Gesundheit und Medizin diskutierte. Hierüber entstand eines der Grundlagenwerke der chinesischen Medizin, der „gelbe Kaiser“, ein Buch, das uns heute noch zur Verfügung steht. Schon zu dieser Zeit war die chinesische Ernährungslehre als Teilgebiet in die Traditionelle Chinesische Medizin eingebettet.
Das theoretische Medizinsystem aus dieser Zeit ist immer noch gültig. In unserer heutigen, schnelllebigen Welt, in der kaum eine neue wissenschaftliche Erkenntnis mehr von langer Dauer ist, ist dies eine bemerkenswerte Tatsache.

ALTE TRADITIONEN WERDEN NEU ENTDECKT

Die Erkenntnisse der chinesischen Ernährungslehre sollten heute nicht mehr nur an einen Kulturkreis gebunden sein.
Viele unserer traditionellen Gerichte sind aus jahrhundertelanger Erfahrung der Bevölkerung unter hiesigen klimatischen Bedingungen entstanden und haben einen Sinn, den wir uns durch die Erkenntnisse der chinesischen Medizin besser erklären können. Dass wir schon immer Rezepte hatten, die aus östlicher Sicht in individuellen Lebenssituationen genau auf den Ausgleich eines krankhaften Ungleichgewichts zugeschnitten sind, möchte ich Ihnen an der nachfolgenden Geschichte kurz erläutern:

Ich betreute eine Patientin, die ihre Kräfte nach einer anstrengenden Zwillingsschwangerschaft einfach nicht mehr wieder aufbauen konnte. Schließlich verordnete ich ihr eine chinesische Kraftsuppe, die sie sich täglich kochen sollte. Nach nur wenigen Wochen berichtete sie über den Erfolg. Sie war in Kürze wieder bei bester Gesundheit und berichtete, dass ihre Großmutter mein nach Gesichtspunkten der chinesischen Medizin zusammengestelltes Suppenrezept begutachtet hatte und hierzu anmerkte: „Kind, das ist ja fast dasselbe Rezept wie eine schlesische Wochenbettsuppe!“.

Diese kleine Geschichte zeigt, dass viele unserer traditionellen Gerichte auch eine gesundheitliche Wirkung besitzen, die aber heutzutage meist in Vergessenheit geraten ist.
Seit dieser Zeit durchleuchte ich insbesondere regionale und traditionelle heimische Rezepte aus Sicht der chinesischen Diätetik auf ihr energetisches Vermögen hin.
Viele der von mir verwendeten Rezepte habe ich leicht nach den Gesichtspunkten der chinesischen Diätetik abgewandelt, ohne jedoch die traditionell schwäbische Grundlage außer Acht zu lassen. So sind neue, kreative Kombinationen entstanden, mit denen Sie sich das ganze Jahr über energetisch ausgeglichen und frisch ernähren können.

DIE UNTERSCHIEDE ZWISCHEN DER WESTLICHEN UND DER CHINESISCHEN ERNÄHRUNGSLEHRE

Der Begriff Diätetik kommt von dem Griechischen Wort „*Diaita*", das man mit „Lebenspflege/Lebenskunst" übersetzen kann.

In der westlichen Ernährungsmedizin spielen v.a. die Inhaltsstoffe für die Beurteilung der Wirkung und den medizinischen Einsatz eines Lebensmittels eine entscheidende Rolle. Die Zitrone wird beispielsweise aufgrund des hohen Vitamin C–Anteils bei Erkältungskrankheiten eingesetzt.

Im Gegensatz hierzu steht die chinesische Ernährungsmedizin:
Für die heilsame Wirkung eines Lebensmittels sind vor allem dessen Temperaturverhalten und Geschmack vorrangig und für den Einsatz in der medizinischen Therapie entscheidend. Hier wird die Zitrone wegen ihres kühlen Temperaturverhaltens und ihrer zusammenziehenden Wirkung zum Erhalt der Säfte, wie z.B. Schweiß, und zum Absenken der Temperatur im Körper bei hohem Fieber verordnet. Auf keinen Fall jedoch dann, wenn Kälte in den Körper eingedrungen ist. Durch die zusammenziehende und kühlende Eigenschaft würde die Kälte noch mehr in die Körpermitte hineingezogen werden und den Körper weiter abkühlen. Eine „Er-kältung" würde dann unvermeidlich zustande kommen. Dies wäre auch dann der Fall, wenn der Zitronensaft mit heißem Wasser aufgegossen werden würde, was als „heiße Zitrone" bekannt ist.
Ein und dasselbe Lebensmittel wird also in verschiedenen Kulturen, je nach theoretischem Hintergrundwissen, medizinisch unterschiedlich eingesetzt.

DIE GRUNDLAGEN DER CHINESISCHEN DIÄTETIK

Die chinesische Medizin klassifiziert ihre Kräuter und Nahrungsmittel stets nach derselben schematischen Struktur: Temperaturverhalten, Geschmack, Bezug zu den Energiebahnen und Organen, und des Weiteren noch in aufsteigende oder absenkende Wirkrichtung.

Wir beschränken uns in diesem Buch auf die beiden wichtigsten Eigenschaften von Nahrungsmitteln, dem Temperaturverhalten und dem Geschmack.

A) DAS TEMPERATURVERHALTEN DER NAHRUNGSMITTEL

(Dieses bezieht sich bei den Angaben auf den Rohzustand des Lebensmittels):
KALT- KÜHL- NEUTRAL- WARM- HEISS

Beispiel: Temperaturverhalten der Getreide:

KÜHLEND:	NEUTRAL:	LEICHT WÄRMEND:
Amaranth	Hirse	Buchweizen
Weizen	Reis	Hafer
Gerste	Dinkel	Grünkern
Perlgerste	Roggen	süßer Reis (=Klebreis)
	Mais	Quinoa

Das Temperaturverhalten bezieht sich nicht darauf, ob das Nahrungsmittel im Kühlschrank gelegen hat oder aus dem Ofen kommt, sondern auf dessen Wirkung in unserem Körper.
Würden Sie im Winter nach einem Spaziergang im Schnee auf die Idee kommen ein Glas kaltes Wasser mit Zitronensaft zu trinken? – Nein, natürlich nicht. Die Zitrone kühlt! Für Menschen in Ländern mit heißen klimatischen Verhältnissen unterstützt die Zitrone die innerliche Abkühlung und schützt vor Überhitzung. Der saure Geschmack der Zitrone, der zusammenziehend wirkt, sorgt außerdem dafür, dass die Säfte des Körpers wie z.B. der Schweiß, nicht zu sehr nach außen dringen und so die Austrocknungsgefahr vermindern.

SO VERÄNDERT DAS KOCHEN DAS TEMPERATURVERHALTEN

Durch die Zubereitungsart, insbesondere durch die Kochmethode, kann man ein wenig Einfluss auf das Temperaturverhalten eines Nahrungsmittels bzw. Gerichts nehmen. Äpfel werden z.B. meist roh gegessen, sind aber im kalten Winter leicht im Temperaturverhalten in Richtung Wärme zu verändern, wenn man Apfelmus oder Bratäpfel zubereitet.

RICHTUNG	KOCHMETHODE
Hitze	grillen, rösten, braten, backen, frittieren, in Wein schmoren
Wärme	längeres Kochen, dämpfen, blanchieren, schmoren, mahlen, in Wein oder Essig einlegen
Leichte Wärme	Sirup- oder Saftherstellung, zubereiten von Kompott oder Püree, reiben, zerkleinern, trocknen
Neutral	moderat langes Kochen in Wasser
Erfrischend-kühl	einlegen in kaltes Wasser, keimen lassen, einlegen in Salzlake oder Sojasoße
Kälte	kühlen im Eisfach, Eis- oder Sorbetzubereitung, einlegen in Salz oder Eiswürfel, kaltstellen

B) DER GESCHMACK DER NAHRUNGSMITTEL

SAUER – SALZIG – SÜß – BITTER – SCHARF

Um die Bedeutung des Geschmacks eines Gerichtes zu erläutern, passt das Beispiel der Weihnachtsplätzchen hervorragend:

Die Schärfe von Ingwer, Zimt, Koriander, Anis und Pfeffer hat einen zerstreuenden Effekt auf Stauungen, löst also Verspannungen und macht die Energiebahnen (Meridiane) durchgängig, damit sie beispielsweise durch äußere Kälte nicht blockiert werden können. Die Abwehrenergie, die dem Organ der Lunge in der TCM zugeordnet wird, zirkuliert nach chinesischer Vorstellung in einer Schicht zwischen Haut und Muskulatur über den gesamten Körper. Durch Kälte besteht die Gefahr, dass die Abwehrenergie zum Stillstand kommt und ihre Leistungskraft verliert, was sehr leicht zu einer Erkältung führen kann.
Der scharfe Geschmack trägt also dazu bei, die Energie im Lungenbereich und damit des gesamten Abwehrsystems in Gang zu halten. Er sollte deswegen im Herbst und Winter häufiger in unserer Ernährung vorkommen als zu anderen Jahreszeiten. In der Traditionellen Chinesischen Medizin wird der scharfe Geschmack dem Herbst zugeordnet.

Die Geschmacksrichtungen der Lebensmittel haben eine bedeutende Funktion im Körper:

GESCHMACK	EIGENSCHAFT
sauer	zusammenziehend, bewahrt Flüssigkeiten im Körper
bitter	trocknet Feuchtigkeit, senkt Energie ab
süß	befeuchtet, erzeugt Säfte und Schleim, entspannt
scharf	bewegt, zerstreut Stagnationen
salzig	weicht Verhärtungen auf, lösend und abführend

ZU JEDER JAHRESZEIT DAS RICHTIGE ESSEN

Nahrungsmittel können aufgrund ihres Geschmacks und der Temperatur also gezielt medizinisch eingesetzt werden, je nachdem was man bewirken möchte.
In China gab es früher speziell ausgebildete Diätärzte, die nach Erstellung der Diagnose, mittels Pulstastung und Zungenbetrachtung, eine individuelle Ernährung für den Patienten verordneten. Es war selbstverständlich, den Patienten neben anderen Therapiemethoden der Traditionellen Chinesischen Medizin, auch aus diätetischer Sicht zu behandeln und somit über seine tägliche Nahrungsaufnahme zur Genesung beizutragen. Leider beachten wir das heute im medizinischen Bereich nicht mehr oder viel zu selten.
Auch in unseren Breiten gab es schon immer Hausmittel, die aus reiner Erfahrung die energetische Wirkung der Lebensmittel berücksichtigten, wie z.B. ein Quarkumschlag, der kühlend bei Entzündungen wirkt oder einen Lindenblütentee, um bei Fieber als Ausgleichsmaßnahme des Körpers Schweiß zu erzeugen.

Die jahreszeitengerechte Ernährung der chinesischen Medizin erlaubt es, klimatische Einflüsse auf unseren Körper durch gezielten Einsatz von ausgleichenden Lebensmitteln und Tee- oder Saftzubereitungen in einem harmonischen Gleichgewicht zu halten.

In den jeweiligen Jahreszeiten sollten wir uns also möglichst, vom Temperaturverhalten der Lebensmittel her, entgegengesetzt zu den Temperaturen der klimatischen Verhältnisse ernähren, damit Ausgewogenheit erreicht werden kann:

JAHRESZEIT	KLIMA	GEEIGNETES TEMPERATURVERHALTEN
Frühjahr	frisch/warm	neutral bis warm
Sommer	warm/heiß	erfrischend bis kühl/kalt
Herbst	kühl	neutral bis warm
Winter	kalt	warm bis heiß

UNSERE GROSSMÜTTER WUSSTEN WIE'S GEHT

Gängige westliche Empfehlungen, wie täglich mehrmals Rohkost das ganze Jahr hindurch zu sich zu nehmen, widersprechen der chinesischen Medizin und sind auch nicht traditionell in unserer regionalen Küche verankert. Im Gegenteil, so wie unsere Großmütter gekocht haben, nämlich ausgleichend zu den klimatischen Verhältnissen mit dem Obst und Gemüse, das der Garten zur jeweiligen Saison gerade hergab und für den Winter Konserven einzukochen, entspricht ganz und gar den Theorien der chinesischen Medizin.

Ich möchte Sie mit diesem Buch ermuntern, wieder mehr auf Ihr „Bauchgehirn“ zu hören, d.h. Ihre eigene Körperwahrnehmung zu stärken und zu spüren, welche Nahrungsmittel Ihnen gut tun, Energie liefern und welche nicht. Wenn wir wieder auf unseren Körper hören, bemerken wir, dass er meist von selbst nach den entsprechenden ausgleichenden Nahrungsmitteln verlangt.
Häufig werden dem eigenen Empfinden für Nahrungsmittel analytische Erklärungen wie z.B. der Vitamingehalt entgegengesetzt. Gerade Südfrüchte, die wir aufgrund der ständigen Verfügbarkeit oft gar nicht mehr als eigentlich exotische Früchte wahrnehmen, werden bei uns gerne im Winter verzehrt.
Besonders im Winter haben wir oft mit verschleimenden Krankheiten wie Schnupfen oder Husten zu kämpfen. Wenn dann noch kalte und Schleim erzeugende Lebensmittel wie Bananen und Orangen im Übermaß hinzukommen, kann das dazu führen, dass trotz aller medikamentösen Bemühungen keine rasche Erleichterung erreicht wird.

DER RICHTIGE GESCHMACK FÜR JEDE JAHRESZEIT

Die Geschmacksqualitäten werden den Jahreszeiten in der chinesischen Medizin zugeordnet:
Bezüglich des Geschmacks verwende ich bewusst den Begriff „leicht“, damit Sie nicht ein Übermaß des empfohlenen Geschmacks zu sich nehmen, denn dies kann den Energiekreisläufen schaden. Ein klein wenig mehr der jeweiligen Geschmacksrichtung jedoch unterstützt die Energie im Körper zur jeweiligen Jahreszeit perfekt. Schon Paracelsus sagte: „All Ding ist ein Gift - allein die Dosis macht`s“.

JAHRESZEIT	GESCHMACK	BEISPIEL
Frühjahr	leicht sauer	Sauerampfer, Essig
Sommer	leicht bitter	Endiviensalat, Kopfsalat
Spätsommer	süß	gekochtes Getreide, Kürbis, Rote Bete, Karotten
Herbst	leicht scharf	Rettich
Winter	leicht salzig	Schinken/Rauchfleisch

Beim Einkaufen sollte man generell beachten, saisonale Produkte aus der eigenen Region zu kaufen. Sie sind vom energetischen Gesichtspunkt aus bestens für eine gesunde Ernährung geeignet.
Möglichst wenige Nahrungsmittel sollten aus völlig anderen Klimazonen auf den Tisch kommen. Jedoch können auch solche Lebensmittel bei richtigem Einsatz die gesunde Ernährung nach energetischen Gesichtspunkten verstärken bzw. ein traditionelles Gericht in der jeweiligen Jahreszeit noch optimieren.

DER ENERGIEHAUSHALT IM KÖRPER MUSS STIMMEN

Der Energiehaushalt des Menschen bzw. aller Lebewesen setzt sich aus Sicht der chinesischen Medizin prinzipiell aus zwei Komponenten zusammen:
Zum einen aus der nachgeburtlichen Energie, die wir in Form von Nahrung und über die Atmung tagtäglich aufnehmen. Zum anderen aus der vorgeburtlichen Energie, die wir von unseren Eltern vererbt bekommen haben.
Die nachgeburtliche Energie wird aus Sicht der TCM vorwiegend durch die Milzleistung produziert. In der westlichen Medizin hat die Milz nichts mit der Verdauungsleistung zu tun, in der chinesischen Medizin ist sie jedoch der Dreh- und Angelpunkt dafür.
Die vorgeburtliche Energie wird aus Sicht der chinesischen Medizin der Energie der Nieren zugeordnet. Die Nierenenergie ist in diesem Kulturkreis u.a. für die Fortpflanzung zuständig und enthält die Grundlebensenergie, die mit einer „Lebensbatterie" verglichen werden kann.

WOHER KOMMT DIE ENERGIE?

Die nachgeburtliche Energie kann über Nahrung und Atmung immer wieder aufgefüllt werden, während die vorgeburtliche Energie einen begrenzten Speicher darstellt, von dem wir ein Leben lang zehren. Dieser Energievorrat wird zum Zeitpunkt der Zeugung angelegt und in der Zeit der Schwangerschaft über das Blut der Mutter genährt. Nach der Geburt haben wir keine Möglichkeit mehr eine Vermehrung dieser vorgeburtlichen Energie aktiv zu erzeugen.
Dennoch wird die vorgeburtliche Energie im Laufe unseres Lebens unweigerlich aufgebraucht, denn sie ist wie ein „Zündfunke", der für alle Transformationsprozesse, also die Umwandlung von Nahrungsmitteln in Energie, im Körper benötigt wird. Wir können aber sehr wohl entscheiden, ob wir diese kostbare Energie durch einen exzessiven Lebenswandel und schlechte Ernährung schnell aufbrauchen oder ob wir durch sorgsame Lebensführung, regelmäßiges, gesundes Essen und ausreichende Ruhephasen lange etwas von dieser vorgeburtlichen Energie haben, so dass uns ein hohes Alter in Gesundheit beschert sein kann.

DIE „GUTE" ENERGIE

Nehmen wir über Nahrung und Atmung weniger Energie auf als wir für unsere Aktivitäten und Stoffwechselvorgänge benötigen, wird die vorgeburtliche Energie angezapft, um das Defizit zu decken. Das Problem ist, dass diese Anleihe nicht mehr zurückgegeben werden kann. Was weg ist, ist weg!
Wenn man diese Denkweise verinnerlicht, wird klar, warum eine Nulldiät nicht gut zum Gesundheitsprogramm der TCM passt. Sobald wir über die Nahrung keine Energie mehr aufnehmen, muss unser Energiebedarf aus den Reserven be-

dient werden. Und das sind nach chinesischer Vorstellung nicht nur Fettpolster, die so manche Menschen loswerden wollen, sondern auch ein großer Teil der kostbaren vorgeburtlichen Energie. Wenn man diese wertvolle Energie anzapft, fühlt man sich psychisch sehr wohl, was viele Menschen als Erfahrung beim Nulldiät-Fasten berichten.
Ein an der eigenen Gesundheit interessierter Mensch, der von der chinesischen Medizin überzeugt ist, wird vielmehr darauf bedacht sein, tagtäglich durch die Ernährung so viel gute Energie wie möglich aufzunehmen, was nicht mit Kalorien aufnehmen zu verwechseln ist. Es geht nicht darum, möglichst viel zu essen, sondern gezielt die Gerichte und Lebensmittel zu sich zu nehmen, mit denen der Organismus in Balance bleibt, ohne Übergewicht Vorschub zu leisten. Ein energetisch ausgeglichener Mensch hat Normalgewicht, fühlt sich in seiner Mitte, besitzt Energie und verspürt keinen Grund Fastenkuren oder Diäten zu erwägen.

DAS 3-ERWÄRMER-SYSTEM

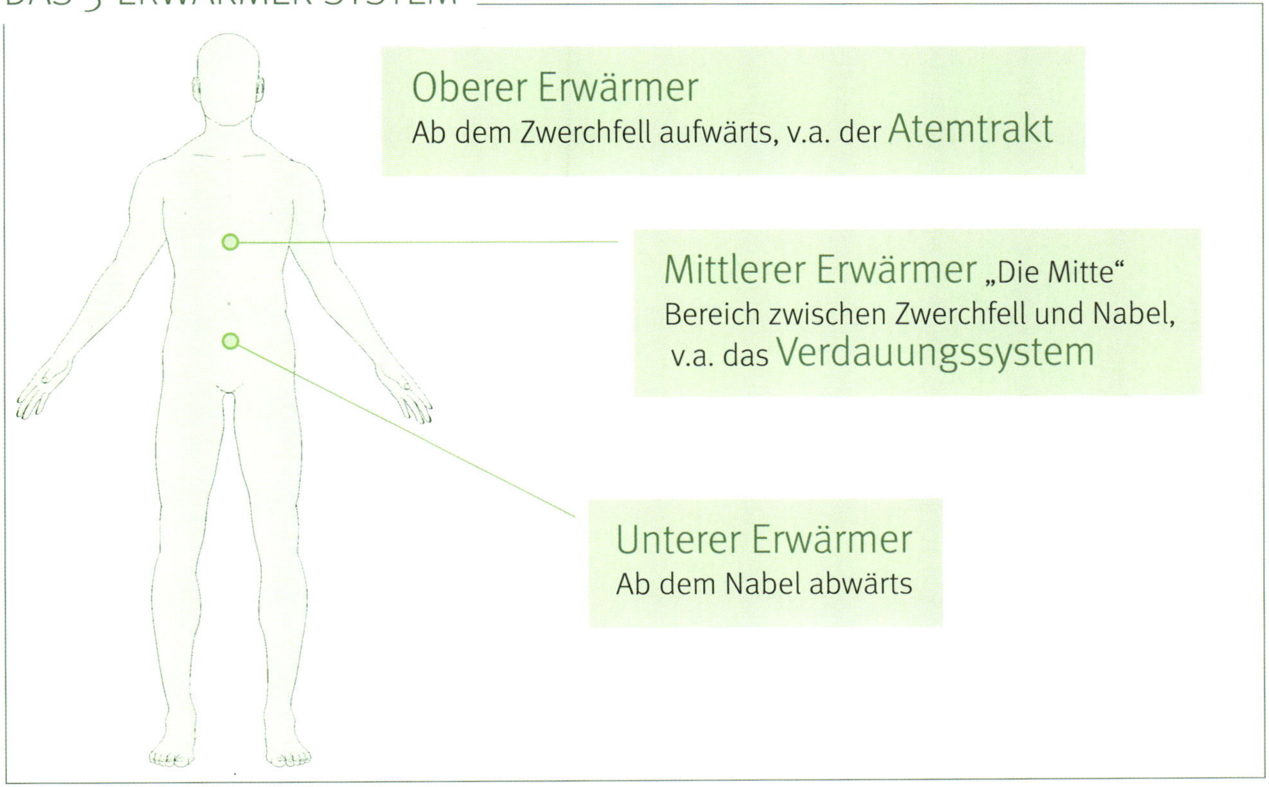

Zur Energieentstehung und –verteilung haben die Chinesen in ihrem Medizinsystem eine weitere theoretische Vorstellung entwickelt, das 3-Erwärmer-System:

BILD	SYSTEM	KÖRPERTEIL
Dampf	Oberer Erwärmer	Oberhalb des Zwerchfells, v.a. Atemtrakt
Kochtopf mit Suppe	Mittlerer Erwärmer	Zwerchfell bis Nabel, v.a. Verdauungssystem
Herdplatte	Unterer Erwärmer	Ab Nabel abwärts

Entscheidend bei der Einschätzung der Energieverteilung ist die qualitative Funktionsweise des so genannten 3-Erwärmers.
Lebensmittel, die den mittleren Erwärmer nähren und am Laufen halten, sind im Sinne der chinesischen Medizin besonders wichtig. Ohne einen gut funktionierenden Verdauungsprozess kann keine wertvolle Energie aus den Nahrungsmitteln gewonnen werden und in den Körper gelangen. Um diesen Verdauungsprozess, also den mittleren Erwärmer bzw. Suppentopf, zu stärken, sollte eine Speise die Funktion von Milz/ Bauchspeicheldrüse und Magen ausreichend unterstützen, damit möglichst wenig aus dem unteren Erwärmer, sinnbildlich der Herdplatte, „zugefeuert" werden muss.
Gerichte, die aus frischen und wenig verarbeiteten Nahrungsmitteln wie Gemüse, Getreide und etwas Fleisch und Fisch, leicht bekömmlich zubereitet sind, entsprechen dieser Vorstellung am ehesten.
Je nach Außentemperatur sollten energetisch ausgleichende Nahrungsmittel in den mittleren Erwärmer gebracht werden.

DIE NAHRUNG WIRD VERARBEITET

Alles, was wir essen und trinken, landet zuerst im Suppentopf (mittlerer Erwärmer), welcher dem Verdauungssystem entspricht.
Die Herdplatte unter dem Suppentopf sorgt mit ihrer Energiezufuhr dafür, dass aus diesem mehr oder weniger suppigen, trüben Gemisch im Suppentopf die reine Nahrungsessenz, die die Chinesen als GU-QI bezeichnen, herausdestilliert werden kann.
Diese Nahrungsenergie ist die Grundlage nahezu unseres gesamten erworbenen, nachgeburtlichen Energiehaushaltes.
Sie ist die Ausgangsbasis für die Bildung körpereigener Substanzen wie Blut und anderer Körpersäfte wie Schweiß, Tränenflüssigkeit oder Schleimhautbefeuchtung.
Man kann sich das wie eine richtige Destille vorstellen, bei der als Endprodukt eine klare, feine Essenz herauskommt.
Diese Nahrungsessenz wird durch die hebende Kraft der Milz in den oberen Erwärmer gebracht, wo sich in Verbindung

mit dem Sauerstoff aus der Atmung körpereigenes Qi (=Lebensenergie), Substanzen (z.B. Erneuerung der Zellen) und Blut bilden, die dann von Lunge und Herz im ganzen Organismus verteilt werden.

Alles, was beim fachmännischen Brennen von hochprozentigem Alkohol zu beachten ist, spielt im übertragenen Sinne auch für unsere Verdauung eine wichtige Rolle. Ist der Topf gefüllt und hat der Destillationsvorgang begonnen, darf er nicht unterbrochen werden. Deshalb sollte nach einer ausreichenden Mahlzeit 3-4 Stunden lang nichts gegessen werden. Nur so kann die Nahrungsenergie ungestört vollständig herausdestilliert und in den oberen Erwärmer gebracht werden und - was mindestens genauso wichtig ist - der unverwertbare Rest sauber ausgeschieden werden.

DAS SOLLTE VERMIEDEN WERDEN

- Ständiges Essen und Naschen
- Häufiger Verzehr großer Mengen Rohkost und rohes Obst
- Eiskalte Speisen und Getränke
- Täglich große Mengen (Sauer-)Milchprodukte
- Künstliche Nahrungsbestandteile, wie synthetisch hergestellte Aroma- und Farbstoffe.
- Genuss von häufigen Tiefkühlkost- und Fertigmahlzeiten

DIE KRANKHEIT UNSERER ZEIT

Den Verdauungstopf mit eiskalten Speisen und Getränken, rohem Gemüse und rohem Obst zu füllen, bedeutet, dass der Verdauungstrakt viel Arbeit leisten muss, um diese Suppe zu erwärmen, damit die Destillation überhaupt in Gang kommen kann. Wird ihm über längere Zeit diese Mehrarbeit zugemutet, erschöpft er sich.
Die chinesische Medizin nennt diesen Zustand „Milz-Qi (=Energie)-Mangel“, eine sehr häufige Krankheit unserer Zeit.
In der westlichen Medizin können Erkrankungen wie z.B. Erschöpfung, Übergewicht, Lebensmittelallergien oder entzündliche Darmerkrankungen die Diagnosen dafür sein.
Begleitet wird der „Milz-Qi-Mangel“ durch Symptome wie Völlegefühl und Müdigkeit nach dem Essen, Appetitstörungen, Energiemangel, Erschöpfung, Verdauungsprobleme, weicher Stuhlgang und Blähungen.

DIE URSACHEN:

Der mit nicht gut verwertbaren Nahrungsmitteln gefüllte, überladene Suppentopf kann nur eine unvollständige Destillation ermöglichen und die Verdauung setzt sehr spät ein, wodurch zu wenig Nahrungsenergie entsteht, aus der wir unsere Dynamik beziehen. Wir fühlen uns müde und schlapp.

Auch die Ausscheidung der nicht verwertbaren Nahrungsbestandteile benötigt Energie. Ist diese nicht ausreichend vorhanden, bilden sich Schlacken und Ablagerungen, insbesondere im Bindegewebe. Die chinesische Medizin verwendet für diesen krankhaften Prozess der Schlackenbildung durch eine unzureichende Verdauung den Begriff „Feuchtigkeit auf Grund von Milz-Qi-(=Energie)-Mangel". Dieses Problem wird sehr ernst genommen, weil das Zurückbleiben und Ansammeln von Feuchtigkeit und Schleim langfristig ernsthafte Gesundheitsprobleme, wie beispielsweise gutartige Zysten und Tumore, Ödeme, chronische Schleimabsonderungen aus der Nase, Kopfschmerzen, nässende Hautausschläge und vieles mehr, mit sich bringen kann.

VORSICHT BEI ZU VIEL MILCHPRODUKTEN

Neben den rohen, eiskalten und tiefgefrorenen Nahrungsmitteln gibt es noch eine weitere Kategorie, die die Verdauungsebene schwächen kann: der übermäßige Genuss von Milchprodukten, v.a. die gesüßten Sauermilchprodukte wie Früchtejoghurt, Quark mit Obst, Sahnecreme, Buttermilchgetränke usw.
Folgendes Bild kann die Wirkung der Milchprodukte auf den Verdauungsprozess aus Sicht der chinesischen Medizin erklären:
Stellen Sie sich einen Holzkohlengrill vor. Die Kohlen glühen, jetzt wäre genau der richtige Zeitpunkt, um das Fleisch auf den Rost zu legen. Nun gießen Sie eine große Portion Joghurt über die glühenden Kohlen. Es zischt, stinkt und qualmt, das Feuer erlischt oder wird zumindest stark beeinträchtigt.
Sie können es sich sparen, das Fleisch noch aufzulegen. Es würde nicht mehr gar werden. Auch die Milchprodukte selbst werden nur langsam und schlecht verarbeitet, was die Bildung von Feuchtigkeit und Verschleimung im Organismus stark fördert.

LANGFRISTIG FIT, VITAL UND GESUND

Da der Verdauungsprozess selbst seine Energie, wie alle anderen Körperfunktionen auch, aus der Nahrungsessenz bezieht, die aus der Nahrung herausdestilliert wird, sind alle Nahrungsmittel ungünstig, die wenig Nahrungsenergie liefern. Hierbei handelt es sich insbesondere um Nahrungsmittel, die industriell so verändert wurden, dass Substanzen entstehen, die in dieser Form in der Natur nicht vorkommen.
Künstliche Aromen, modifizierte Stärke, gehärtete Fette, Farbstoffe und genveränderte Nahrungsmittel sind Beispiele dafür, dass unserem Körper Stoffe zugemutet werden, die es in der Natur so nicht gibt.
Kurz gesagt: Fertigprodukte aus Tüten, Dosen und Päckchen machen zwar satt, aber liefern nur wenig von der Nahrungsenergie, die wir benötigen, um auch langfristig fit, vital und gesund zu bleiben.

WAS MACHT UNS KRANK?

A) ÄUSSERE URSACHEN FÜR KRANKHEITEN

Laut Traditioneller Chinesischer Medizin ist ein Teil der Krankheiten des Menschen durch äußere Einflüsse verursacht. Wind öffnet die Poren der Haut und so kann ein äußerer krankmachender Faktor, wie zum Beispiel Kälte eindringen. Wenn die Abwehrenergie des betroffenen Menschen schwach ist, kann sie sich festsetzen. In unseren Breitengraden sind insbesondere die Kälte und der Wind die häufigsten Eindringlinge.

Äußere krankmachende Faktoren, die das menschliche Abwehrsystem aus dem Gleichgewicht bringen können, sind:

JAHRESZEIT	FAKTOR
Frühjahr	Wind
Sommer	Hitze
Spätsommer	Feuchtigkeit
Herbst	Trockenheit
Winter	Kälte

Die den einzelnen Jahreszeiten zugeordneten krankmachenden Faktoren können natürlich das ganze Jahr über auftreten, sind vermehrt jedoch in der jeweiligen Jahreszeit zu beobachten. Diese äußeren krankmachenden Faktoren lassen sich sehr gut mit Akupunktur behandeln.

B) INNERE URSACHEN FÜR KRANKHEITEN

Hierbei spielen die Emotionen eine große Rolle. Diese werden in der TCM ebenfalls den bestimmten Jahreszeiten zugeordnet, und können in diesen Zeitabschnitten bei individuellen Ungleichgewichten verstärkt auftreten.

Frühjahr	Wut/Zorn
Sommer	Übermäßige Freude
Spätsommer	Grübeln/ verstärktes Nachdenken
Herbst	Trauer
Winter	Angst

Hierauf wird detaillierter in den einzelnen jahreszeitlichen Kapiteln eingegangen.

DIE THEORIE DER FÜNF WANDLUNGSPHASEN

Die Lehre der Fünf Wandlungsphasen ist ein Teil der theoretischen Grundlagen des chinesischen Medizinsystems.
Sie ist aus Beobachtungen natürlicher Prozesse, wie zum Beispiel die Wandlung der Jahreszeiten entstanden. Meist werden sie als Kreis dargestellt, da eine Wandlungsphase in die nächste übergeht und sie energetisch nährt. Man nennt dies Mutter-Kind-Regel. Wenn Sie sich also gemäß einer Jahreszeit optimal ernähren, stärken Sie damit schon die energetische Phase der darauf folgenden Jahreszeit.
Im Frühjahr sprießt und grünt alles, die Energie der Natur ist nach oben gerichtet. Sie wird dem Holz zugeordnet. Dort wo Holz wächst, gibt es Waldbrände. Die Wandlungsphase Feuer entspricht dem Sommer. Nach dem Brand bleibt Asche übrig. Die Wandlungsphase Erde wird aus dem Feuer genährt, der Spätsommer ist angebrochen, die Ernte kann eingefahren werden. In der Erde entstehen durch Verdichtung mineralischer Ablagerungen Metalle. Nun beginnt die herbstliche Jahreszeit. Die Energie der Natur ist nach unten und innen gerichtet. Auf metallischen Erdschichten kann sich Wasser ansammeln und einen Brunnen an die Oberfläche dringen lassen. Wasser steht für die Wandlungsphase des Winters.
Zu den einzelnen Wandlungsphasen sind viele Zuordnungen gemacht worden. Einige, die für die chinesische Ernährungslehre relevant sind, stehen in der folgenden Auflistung:

ÜBERSICHT ÜBER EINIGE ZUORDNUNGEN ZU DEN JAHRESZEITEN IN DER TRADITIONELLEN CHINESISCHEN MEDIZIN:

	FRÜHJAHR	SOMMER	SPÄTSOMMER	HERBST	WINTER
Organ	Leber/Gallenblase	Herz/ Dünndarm	Milz/Magen	Lunge/ Dickdarm	Niere/Blase
Klima	Wind	Hitze	Feuchtigkeit	Trockenheit	Kälte
Emotion	Wut	Freude	Grübeln	Trauer	Angst
Geschmack	sauer	bitter	süß	scharf	salzig

Lassen Sie uns nun einsteigen in die einzelnen Abschnitte der verschiedenen Jahreszeiten und mit dem schönen Frühjahr beginnen, das durch die aufsteigende und erneuernde Kraft der Natur geprägt ist.
Viel Freude beim Lesen, Ausprobieren und Neuentdecken der Rezepte.

DIE WANDLUNGSPHASE HOLZ

DIE WANDLUNGSPHASE FEUER

DIE WANDLUNGSPHASE ERDE

DIE WANDLUNGSPHASE METALL

DIE WANDLUNGSPHASE WASSER

frühjahr

DIE WANDLUNGSPHASE HOLZ

Das Frühjahr wird von schnellem Wachstum, dem Keimen und dem Ausbreiten der Pflanzenwelt in der Natur, allgemein von einer aufstrebenden Richtung, gekennzeichnet. Die Wandlungsphase Holz entspricht energetisch in vollem Umfang der in der Natur im Frühjahr vorherrschenden, nach oben drängenden Energie der Pflanzenwelt.

In der Traditionellen Chinesischen Medizin werden dem Frühjahr die Organe Leber und die Gallenblase zugeordnet. Beide unterstützen aus westlicher medizinischer Sicht die Verdauung des Menschen. Die Leber produziert die Gallenflüssigkeit, die Gallenblase dient ihr als Speicherorgan, so dass der Gallensaft bei erhöhtem Bedarf rasch in größerer Menge ausgeschüttet werden kann. Die Schlacken, die sich über den Winter im Organismus angesammelt haben, brauchen im Frühjahr eine Reinigung. Leichtigkeit und Frische gehören nun auf den Speiseplan.

DIE FARBE GRÜN

In der chinesischen Medizin werden jeder Jahreszeit Farben zugeordnet. Grün ist die Farbe des Frühjahrs. Auch in unserer Heimat werden jetzt Gerichte mit grüner Farbe traditionell vermehrt zubereitet, wie Suppen und Salate aus frischen Kräutern wie Löwenzahn und Bärlauch oder Spargel- und Grünkerngerichte.
Grüne, frisch sprießende Kräuter enthalten auch aus westlicher Sicht viele Vitamine und Mineralstoffe, die nun gut tun und neue Energie in den Körper bringen. In der Leber wird viel Blut gespeichert, das in diesem Organ von Giftstoffen gereinigt wird. Die Blutbildung sollte in dieser Jahreszeit aus Sicht der TCM deswegen besonders unterstützt werden.

DIE FRÜHJAHRSGETREIDE

Weizen ist aus Sicht der TCM das zugehörige Getreide des Frühjahrs. Er hat ein kühlendes Temperaturverhalten und wird deswegen auch gerne im Sommer verwendet. Der Dinkel kommt an kühleren Frühjahrstagen auch zur Verwendung. Er hat neutrale bis leicht wärmende Temperatureigenschaften und nährt die Blutbildung.

DER GESCHMACK UND DAS TEMPERATURVERHALTEN

Der saure Geschmack wird ebenfalls dem Frühjahr zugeordnet und kann hilfreich sein, entsprechende emotionale Zustände aufzulösen. Wir kennen das Sprichwort: „Sauer macht lustig“.
Die chinesische Medizin kann das bestätigen, denn der saure Geschmack stärkt nach ihren theoretischen Erkenntnissen die Energie der Freude. Der säuerliche Geschmack belebt die Leber. Wichtig ist, dass der saure Geschmack in den Gerichten ein klein wenig vorkommen sollte, aber das Gericht nicht zu sauer schmecken sollte.
Wie schon erwähnt, hat der saure Geschmack eine zusammenziehende Eigenschaft. Somit bewirkt er, dass Säfte, zu denen nach Theorie der TCM auch das Blut gehört, im Körper gehalten werden und fördert zudem deren Bildung.
In den Gerichten, die recht kühl oder wärmehaltig sind, sollte immer eine Komponente der entgegengesetzten thermischen Qualität oder auch Geschmacksrichtung zum Ausgleich innerhalb des Gerichts vorhanden sein.

DIE DISHARMONIEN

Disharmonien wie Konkurrenzdenken, Schwanken zwischen Liebe und Hass, Zwietracht und Stagnation sind in der TCM der Leber zugeordnet.
Um diesen Ungleichgewichtszuständen entgegenzuwirken, sollten wir uns im Frühjahr so ernähren, dass die Leber im Gleichgewicht bleibt, da es sonst vermehrt zu den folgenden Disharmonien kommen kann.

1.) LEBER–ENERGIE-STAGNATION (LEBER-QI–STAGNATION)

Bei dieser Disharmonie kommt es zu Diagnosen wie depressiver Verstimmung, Verstopfung, prämenstruelles Syndrom oder Schwindel. Zudem kann es zu Tinnitus oder Glaukom (hoher Augendruck) kommen.

Die Symptome

Die Symptome äußern sich z.B. durch Wut (auch mit einem Kloßgefühl im Hals) und schmerzhaftes Spannungsgefühl in der Brust.

Geeignete Ernährung

Leicht scharfe Komponente der Lebensmittel wie bei Bärlauch oder Schnittlauch, die einen zerstreuenden Effekt besitzt, die (Ver-)Spannungen im Körper also löst. Auch der süße Geschmack, z.B. von Sonnenblumenöl oder -kernen kann einen solchen Stillstand entspannen.

Ungeeignete Ernährung

Energetisch heiße (wie Knoblauch, Zimt, hochprozentiger Alkohol) sowie kalte Nahrungsmittel (z.B. Tomaten, Joghurt, Kiwi, Krabben, Sojasoße) sollten wegen möglicher Blockierungen der Leber-Energie im Frühjahr vermieden werden.

2.) AUFSTEIGEN ÜBERSCHÜSSIGER, GESTAUTER (WÄRME-)ENERGIE (AUFSTEIGENDES LEBER-YANG)

Hierbei leidet man v.a. unter Beschwerden wie Migräne, Glaukom (hoher Augendruck), Bluthochdruck, Bindehautentzündung, Schwindel und Tinnitus.

Die Symptome

Sollten Sie Symptome wie starke Kopfschmerzen, Sehstörungen und hohen Bluthoch- oder Augendruck wahrnehmen, suchen Sie bitte einen TCM–Arzt bzw. entsprechenden Facharzt auf.

Geeignete Ernährung

Kühlende und erfrischende Lebensmittel wie Staudensellerie, Spinat, Mangold, jedoch auch Quark und Früchtetees.

Ungeeignete Ernährung

Die Ernährung sollte hierbei insbesondere vom Temperaturverhalten her nicht zu warm oder gar heiß genossen werden, da ansonsten dieser krankhafte Prozess gefördert wird. Knoblauch wird beispielsweise landläufig von jedermann als „gesund" deklariert. Er ist jedoch energetisch heiß und kann unter Umständen zu einem raschen Aufsteigen überschüssiger Leberenergie und dementsprechenden Symptomen beitragen. Solche heißen Nahrungsmittel können auch bei zu häufigem Genuss die Säfte, zu denen auch das Blut gehört, zum Austrocknen bringen. Zu häufiger Genuss der Geschmacksrichtungen scharf, bitter (beispielsweise große Mengen Kaffee täglich) und salzig (z.B. Krabben) kann bei einer solchen Symptomatik langfristig Schaden anrichten, da diese Geschmacksrichtungen sich austrocknend auf die Säfte des Körpers auswirken und somit den einseitigen hitzigen Energieanteil noch mehr fördern.

Sie werden sich jetzt sicherlich fragen: “Was ist mit all den Völkern, die in heißen Ländern leben und sehr scharf essen, wie beispielsweise die Inder?“ Beobachten Sie bitte die Ernährungsgewohnheiten in anderen Ländern genau. Bei diesen Völkern wird meist ein, vom Temperaturverhalten her, kaltes bzw. kühlendes und auch Schleim erzeugendes Getränk, wie Bananenmilch, Mangomilch oder stark gesüßter Tee zu den Mahlzeiten getrunken oder es werden sehr süße Nachspeisen verzehrt. Der süße Geschmack wiederum produziert die Feuchtigkeit nach, welche durch die restliche scharfe oder salzige Mahlzeit verloren gegangen ist. Somit ist der Ausgleich durch traditionelle Ernährung in den jeweiligen Ländern gegeben.

3.) LEBER-BLUT-MANGEL

Diese Mangelerscheinung ist bei uns u.a. als prämenstruelles Syndrom, Menstruationsstörungen, Blutarmut oder Bluthochdruck bekannt.

Die Symptome

Ein Leber-Blut-Mangel äußert sich besonders durch Symptome wie brüchige Nägel, trockene, brüchige Haare und Augen, Anämie oder Menstruationsstörungen.

Geeignete Ernährung

Den Blutaufbau fördernde Lebensmittel sind u.a. Rote Bete, Rotkohl, Brunnenkresse, Spinat, Möhren, Pinienkerne, Sellerie, Süßkartoffeln, Kürbis, Kirschen, Himbeeren, Datteln, schwarzer und weißer Sesam, Dinkel, Amaranth, Süßreis, rote Trauben, Eigelb, Rohrzucker (in Maßen), Petersilienwurzel, Rindfleisch, Geflügel und kleine Mengen Rotwein.

SPINAT-KARTOFFEL-SUPPE

Zutaten

4 Scheiben durchwachsener Speck (heiß/salzig),
1 Bund Frühlingszwiebeln (warm/scharf),
6 mittlere, geschälte und gewürfelte Kartoffeln (neutral/süß),
1 TL Salz (kalt/salzig),
3 Tassen kochendes Wasser,
2 EL Butter (neutral/süß),
3 EL Weizenmehl (kühl/süß),
1 TL Gemüsebrühpulver,
3 Tassen Milch (neutral/süß),
1 1/2 Tassen fein gehackter Spinat (kühl/süß),
1/2 Tasse fein gehackte Zitronenmelisse (neutral/sauer),
etwas Pfeffer (heiß/scharf)

Zubereitung

In einer Pfanne den Speck anbraten, die Scheiben herausnehmen und beiseitelegen.
Im Speckfett die fein gehackten Frühlingszwiebel anbraten, dann Salz, die gewürfelten Kartoffeln und kochendes Wasser zugeben. 15 Minuten köcheln lassen.
In einem zweiten Kochtopf die Butter zergehen lassen, Mehl zugeben, mit einem Schneebesen klumpenfrei verrühren, Gemüsebrühpulver zugeben und langsam die Milch unter Rühren zufügen. Anschließend die Kartoffeln dazugeben und umrühren. Am Schluss den gehackten Spinat zugeben und alles 5 Minuten köcheln lassen. Mit Pfeffer würzen und vor dem Servieren die fein gehackte Zitronenmelisse und den klein geschnittenen Speck darüber streuen.

BRENNNESSEL-SAUERAMPFER-SUPPE

Zutaten

1 Zwiebel (warm/scharf und süß),
Suppengrün,
2 EL Sonnenblumenöl (kühl/süß),
500 g junge Brennnesselblätter (kühl/bitter),
500 g Sauerampfer (neutral/sauer),
1 Lorbeerblatt (warm/scharf),
1 l Gemüsebrühe,
1/8 l saure Sahne (kühl/sauer)

Zubereitung

Die gehackte Zwiebel und das klein geschnittene Suppengrün in Öl andünsten. Dann die gewaschenen Brennnessel– und Sauerampferblätter und das Lorbeerblatt hinzugeben. Kurz dünsten bis die Blätter zusammenfallen. Mit Gemüsebrühe und saurer Sahne auffüllen und mit Kräutersalz, Pfeffer, Muskat und evtl. Knoblauch abschmecken.
Nach Belieben mit Spargelspitzen und geröstetem Brot garnieren.

SPINATSALAT MIT WEIZENKÖRNERN

Zutaten

100 g frischer junger Spinat (kühl/süß),
1 Handvoll Brennnesselblätter (kühl/bitter),
2 EL Himbeeressig (warm/sauer und bitter),
Kräutersalz,
weißer Pfeffer (heiß/scharf),
1 Prise Rohrzucker (warm/süß),
1 TL Zitronensaft (kühl/sauer),
4 EL kalt gepresstes Olivenöl (kühl/süß),
2 EL gekochte ganze Weizenkörner (kühl/süß)

Zubereitung

Spinat und Brennnesselblätter verlesen (wenn es ältere Blätter sind: blanchieren)und alles waschen. Die restlichen Zutaten zu einer Salatsoße vermischen, Spinat und Brennnesselblätter sowie gekochte Weizenkörner in die Marinade geben, vorsichtig vermischen und anrichten.
Kann auch mit frischem Löwenzahn zubereitet werden.

ROTE BETE – PASTINAKEN- SUPPE

Zutaten

150 g Rote Bete (neutral/süß),
150 g Pastinaken (neutral/süß und scharf),
50 g Kartoffeln (neutral/süß),
1/2 l Gemüsebrühe, Saft 1/2 Zitrone (kühl/sauer), 50 g süße Sahne (neutral/süß), Meersalz (kalt/salzig),
1 TL Sesamöl (kühl/süß)

Zubereitung

Rote Bete, Kartoffeln und Pastinaken schälen und in kleine Würfel schneiden. Dann mit der Gemüsebrühe, Sesamöl und dem Zitronensaft aufkochen und 20 Minuten köcheln lassen, bis das Gemüse weich ist. Die Suppe pürieren und mit Salz und Sahne abschmecken.

Diese Suppe eignet sich für den Blutaufbau im Frühjahr, welcher durch die rote Farbe der Nahrungsmittel und den vorwiegend süßen Geschmack gefördert wird.

BRUNNENKRESSESUPPE

Zutaten

150 g Brunnenkresseblätter (kühl/ sauer und bitter),
3/4 l Gemüsebrühe,
2 Scheiben alt gebackenes Vollkornweizenbrot (kühl/süß) in Würfel schneiden und in etwas Butter anrösten,
Salz (kalt/salzig), Pfeffer (heiß/scharf),
1 Spritzer frischen Zitronensaft (kühl/sauer),
2 EL Sonnenblumenöl (kühl/süß),
2 Schalotten (warm/scharf und süß)

Zubereitung

Die geschälten und klein gehackten Schalotten in heißem Öl anbraten, die gewaschenen Brunnenkresseblättchen grob zerpflücken und kurz mitdünsten. Dann mit der Gemüsebrühe ablöschen, mit Salz, Pfeffer, 1 Spritzer Zitronensaft abschmecken und vor dem Servieren die gerösteten Brotwürfelchen darüber streuen.

STANGENSELLERIE-TOMATEN-SALAT MIT HASELNÜSSEN

Zutaten

500g Stangensellerie (kühl/süß),
150 g Tomaten (kalt/süß),
6 EL Vollmilchjoghurt (kalt/süß und sauer),
1 EL Olivenöl (kühl/süß), 2 EL Zitronensaft (kühl/sauer), frischer Basilikum nach Geschmack (warm/bitter, scharf und süß),
Meersalz (kalt/salzig), Pfeffer (heiß/scharf),
50 g gemahlene Haselnüsse (neutral/süß)

Zubereitung

Den Stangensellerie putzen und in feine Ringe schneiden, die Tomaten waschen und würfeln.
Für die Soße Vollmilchjoghurt mit Olivenöl und Zitronensaft verrühren und mit frischem Basilikum, Meersalz und weißem Pfeffer abschmecken. Gemahlene Haselnüsse darüber streuen und mit Basilikumblättern garnieren.

Dieser frische Salat senkt aufsteigende Leber-Hitze ab, vertreibt Wind und nährt die Leber-Säfte.

GRÜNES FRÜHLINGSGEMÜSE MIT ZITRONENSAFT UND COUSCOUS

Zutaten

500 g gemischtes grünes Blattgemüse,
z.B. Spinat (kühl/süß), Mangold (kühl/süß),
Brennnesselblätterspitzen (kühl/bitter),
6 EL Olivenöl (kühl/süß),
6 EL Zitronensaft (kühl/sauer),
Gomasio (Sesamsalz),
Salz (kalt/salzig),
250 g Couscous (kühl/süß)

Zubereitung

Das Gemüse grob zerkleinern und in wenig Wasser gar dünsten. Olivenöl und Zitronensaft verrühren. Das Gemüse in eine Schüssel geben und mit der Soße übergießen und großzügig mit Gomasio (Sesamsalz; Rezept siehe unter Winter: der besondere Tipp) bestreuen.
250 g Couscous mit heißem Wasser überbrühen und zugedeckt 10 Minuten ausquellen lassen.
Das Gemüse neben dem Couscous anrichten und servieren.

LÖWENZAHNSALAT

Zutaten
2 Eier (neutral/süß),
2 Scheiben gewürfeltes Rauchfleisch (heiß/salzig),
4 EL Weizenmehl (kühl/süß),
1 TL Salz (kalt/salzig),
Rohrzucker (warm/süß) je nach Geschmack,
3 EL Essig (warm/ sauer und bitter),
1 1/2 Tassen Wasser,
4 Tassen gehackter Löwenzahn (kalt/bitter)

Zubereitung

2 Eier hart kochen und mit kaltem Wasser abschrecken und schälen.

Den Schinkenspeck in einer Pfanne knusprig braten, herausnehmen und Fett bis auf 2 EL abgießen. In einer separaten kleinen Schüssel Mehl, Salz, Essig und Wasser mischen und dann in die Pfanne geben. Unter Rühren aufkochen bis die Soße andickt. Dann die Soße über den gehackten Löwenzahn gießen und mit den Eiern und dem Rauchfleisch garnieren.

Tipp: Den Löwenzahn sollte man zeitig im Frühjahr sammeln, wenn die Blüten noch nicht geöffnet sind. Nehmen Sie für den Salat die kleinen, zarten Blätter. Er ist vom Temperaturverhalten her kalt und kühlt ganz hervorragend die Leber. Zudem hat er auch eine entgiftende Wirkung, was der sogenannten Frühjahrskur förderlich ist.

SAUERAMPFERSALAT

Zutaten
200 g Sauerampfer (neutral/sauer), 50 g saure Sahne (kühl/sauer), Meersalz (kalt/salzig), 1 EL Sonnenblumenöl (kühl/süß),
1 EL Kräuteressig (warm/sauer und bitter),
1 kleine Zwiebel (warm/scharf und süß)

Zubereitung

Nur die ganz zarten Blätter verwenden, waschen und mit einer Soße aus Sahne, Öl, Essig, Salz und geriebener Zwiebel anmachen.

SAURE LEBER

Zutaten

500 g Kalbsleber (neutral/süß),
2 EL Sonnenblumenöl (kühl/süß),
3 EL Weizenmehl (kühl/süß),
1 Zwiebel (warm/scharf und süß),
$^{3}/_{4}$ l Gemüsebrühe,
Salz (kalt/salzig),
Pfeffer (heiß/scharf),
4 EL Essig (warm/sauer und bitter) je nach Geschmack,
1 kleine Tasse saure Sahne (kühl/sauer)

Zubereitung

Die Leber kurz in kalte Milch legen, häuten, in schmale Scheibchen schneiden. Die fein geschnittene Zwiebel, anschließend die Leber in Öl dünsten. Danach das Mehl darüber streuen, verrühren, etwas anbräunen lassen, mit Gemüsebrühe ablöschen und in der Soße weich schmoren lassen. Erst dann Salz, Pfeffer und Essig zugeben sowie kurz vor dem Servieren die saure Sahne zugeben.
Als Beilagen passen Salzkartoffeln und Löwenzahnsalat.

Aus Sicht der chinesischen Medizin sollten die Organe tierischer Herkunft zu der Jahreszeit gegessen werden, der sie zugeordnet werden. Tierische Leberenergie stärkt die menschliche Leberenergie. Je jünger das Tier ist, desto mehr befindet es sich in seiner Wachstumsphase und somit in der „Holzphase“ seines Lebens. Deswegen ist eine junge Kalbsleber besonders im Frühjahr geeignet.

SPINATKNÖPFLE MIT KAROTTEN-BÄRLAUCHSOSSE UND PARMESANKÄSE

Zutaten für die Karotten-Bärlauchsoße

150 g Bärlauchblätter (warm/scharf), 30 g Butter (neutral/süß), 30 g Weizenmehl (kühl/süß), $^{1}/_{2}$ l Gemüsebrühe, Salz (kalt/salzig), Pfeffer (heiß/scharf), 1 Eigelb (neutral/süß), 50 g süße Sahne (neutral/süß), 1 Zwiebel (warm/scharf und süß), 3-4 mittelgroße Karotten (neutral/süß), 50 g geriebener Parmesankäse (neutral/scharf und süß)

Zutaten für die Spinatknöpfle

400 g Weizenmehl (kühl/süß),
2-3 Eier (neutral/süß),
250 g frischer Spinat (kühl/süß), Salz (kalt/salzig), etwas Muskat (warm/scharf)

Zubereitung Karotten-Bärlauchsoße

Den Bärlauch waschen und fein hacken. Die fein gehackte Zwiebel und die fein gewürfelten Karotten in Butter anbraten und anschließend mit Mehl bestäuben. Das Ganze anschwitzen, dann die Gemüsebrühe unter ständigem Rühren hinzufügen und alles 10 Minuten köcheln lassen. Mit Salz und Pfeffer würzen. Eigelb und Sahne verquirlen und in die Soße rühren. Nicht mehr aufkochen!

Zubereitung der Spinatknöpfle

Den Spinat putzen und klein hacken oder mixen. Mit Salz und Muskatnuss würzen. Oder: Spinat in etwas Butter andünsten bis er zusammengefallen ist, dann mit etwas Milch mischen und pürieren.
Die Eier mit dem Mehl vermengen, dann den Spinat zugeben und mit dem Kochlöffel schlagen, bis ein mittelfester Teig entstanden ist. Den Teig ins heiße Wasser schaben oder durch eine Knöpflesmaschine drücken. Wenn sie oben schwimmen mit einem Schaumlöffel herausnehmen, kurz unter kaltem Wasser abschrecken und mit etwas Parmesan servieren.

SAURE KARTOFFELRÄDLE

Zutaten

500 g gekochte und geschälte Kartoffeln (neutral/süß),
1 Zwiebel (warm/scharf und süß),
5 EL Sonnenblumenöl (kühl/süß),
5 EL Weizenmehl (kühl/süß),
1 EL Rohrzucker (warm/süß),
3 EL Kräuteressig (warm/sauer und bitter),
ca. $^1/_2$ l Gemüsebrühe,
1 Lorbeerblatt (warm/scharf),
1 Nelke (warm/scharf),
Pfeffer (heiß/scharf), Salz (kalt/salzig)

Zubereitung

Zuerst wird die saure Soße zubereitet. Die klein geschnittene Zwiebel wird im heißen Öl angebraten, dann wird unter Rühren mit dem Schneebesen das Mehl eingerührt und schließlich langsam mit Gemüsebrühe abgelöscht. Die restlichen Zutaten werden hinzugefügt. Diese Soße wird bei schwacher Hitze gut durchgekocht. Dann werden die Kartoffelscheiben zugegeben und 10 Minuten mitgekocht. Fertig ist das einfache, aber wohlschmeckende Gericht.

Man vermutet, dass dieses Gericht zu früheren Zeiten aus übrig gebliebenem Kartoffelsalat entstanden ist. Diesen hat man dann in einer sauren Soße gekocht, um vermeintliche Erreger abzutöten, da Essig desinfizierend wirkt. Daraus hat sich im Laufe der Zeit eine wirklich wohlschmeckende, gesunde und einfach zuzubereitende Mahlzeit entwickelt, die durch den säuerlichen Geschmack sehr gut in die Frühjahrsküche passt.

ROTE BETE SÜSS-SAUER MIT POLENTA

Zutaten

1 große oder 2 mittlere,
rohe Rote Bete (neutral, süß),
Salz (kalt/salzig),
Pfeffer (heiß/scharf),
2 EL Butter (neutral/süß),
1 EL Essig (warm/sauer und bitter),
3 EL Rohrzucker (warm/süß),
2 TL Stärke, gelöst in 1/4 Tasse Wasser,
2 EL Zitronensaft (kühl/sauer)

Zubereitung

Die Rote Bete schälen und raspeln. In einem Topf 2 EL Butter zergehen lassen, die geraspelte Rote Bete dazugeben, langsam auf kleiner Flamme garen und ab und zu umrühren. Die restlichen Zutaten zugeben, kochen und heiß servieren.
Dazu passen gekochte Weizenkörner (kühl/süß) oder auch eine Polenta (neutral/süß).

Zutaten Polenta

200 g Maisgrieß (neutral/süß),
Salz (kalt/salzig), 30 g Butter (neutral/süß),
3/4 l Wasser, Muskat (warm/scharf)

Zubereitung

Das Wasser aufkochen lassen, den Grieß unter fortwährendem Rühren mit einem Schneebesen einstreuen. Die Herdplatte ausmachen und noch ca. 10-15 Minuten ausquellen lassen, immer wieder umrühren. Die Gewürze und Butter zugeben.

SPINATAUFLAUF MIT STAUDENSELLERIE-TOMATENSALAT UND HASELNÜSSEN

(REZEPT SIEHE VORSPEISEN)

Zutaten Spinat

Einen mit frischen Spinatblättern (kühl/süß) voll gehäuften 2 l Topf

Zutaten Soße

2 EL Butter (neutral/süß),
3 EL Weizenmehl (kühl/süß),
1 TL Salz (kalt/salzig),
etwas Pfeffer (heiß/scharf),
1 Tasse Milch (neutral/süß),
2 Eier (neutral/süß)

Zubereitung Spinat

Den Spinat in etwas Wasser kurz kochen und abtropfen lassen.

Zubereitung Soße

Butter schmelzen, mit einem Schneebesen das Mehl vorsichtig einrühren, dann langsam die Milch unter ständigem Rühren zufügen, mit Salz und Pfeffer abschmecken.

Den Spinat und die Soße mischen, 2 leicht geschlagene Eier unterrühren, die Masse in eine feuerfeste, gebutterte Form geben und im Backofen bei 180°C 35–40 Minuten backen.

Mit Staudensellerie-Tomatensalat mit Haselnüssen servieren.

LAUCH-KAROTTEN-SALAT MIT HÜHNERBRUST UND MANDELN

Zutaten

2 Stangen Lauch (warm/scharf und süß),
3-4 Karotten (neutral/süß),
2 doppelte Hühnerbrüstchen (warm/süß),
50 g gestiftete Mandeln
(neutral/süß und bitter)

Marinade für den Lauchsalat

3 EL Gemüsebrühe,
2 EL Estragonessig (warm/sauer und bitter),
2 EL Zitronensaft (kühl/sauer),
1 TL Sesamöl (kühl/süß),
weißer Pfeffer (heiß/scharf),
Salz (kalt/salzig)

Zubereitung

Lauch putzen, in Stücke schneiden und mit den vorher geputzten und in Scheiben geschnittenen Karotten zusammen in der Gemüsebrühe garen.
Die Hühnerbrust mit den Mandeln kurz anbraten bis sie gerade durchgegart sind. Mit Salz und Pfeffer würzen und in Scheiben schneiden.
Das lauwarme Gemüse mit der Marinade vermischen, die Hühnerbrust mit den Mandeln darauf legen und servieren.

BULGUR-SALAT

Zutaten

2 kleine Zucchini (kühl/süß),
2 Stangensellerie (kühl/süß und scharf),
5 EL Sonnenblumenöl (kühl/süß),
500 g vollreife Tomaten
(kalt/süß und sauer),
1 Zwiebel (warm/scharf und süß),
75 g Bulgur (kühl/süß),
3 EL Kräuteressig (warm/sauer und bitter),
Salz (kalt/salzig),
4 EL gemischte, frisch gehackte Kräuter, z.B.
Petersilie (warm/scharf, bitter und salzig),
Schnittlauch (warm/scharf),
Zitronenmelisse (neutral/sauer),
Löwenzahnblätter (kalt/bitter),
Borretsch (kühl/bitter und süß)

Zubereitung

Zucchini in feine Stifte schneiden, anbraten und auf Küchenpapier legen, um sie vom Fett zu befreien. Den Bulgur mit heißem Wasser übergießen und ca. 15 Minuten quellen lassen, Tomaten und Stangensellerie in kleine Würfel schneiden und dazu geben.
Alle Zutaten mischen und den Salat bei Zimmertemperatur ca. 45 Minuten ziehen lassen. Vor dem Servieren noch mal durchmischen.
(Sehr gut als Abendmahlzeit geeignet).

OMELETTE MIT GEMÜSE-KRÄUTERFÜLLUNG

Zutaten

150-200 g Weizenmehl (kühl/süß),
$^1/_4$ l Wasser oder Milch (neutral/süß),
4 Eier (neutral/süß), Salz (kalt/salzig),
50 g Butter (neutral/süß)

Zubereitung

Mehl mit Milch oder Wasser zu einem glatten Teig rühren, Salz zugeben und nach und nach die Eigelb untermengen. Eiweiß schlagen und am Schluss darunter heben.
In einer flachen Pfanne Butter heiß werden lassen, Teig hinein geben, so dass die Pfanne dünn bedeckt ist und von beiden Seiten schön braun anbraten.

Das Omelette mit frischer Kresse und Sprossen sowie frisch gehackten Kräutern wie Schnittlauch (warm/scharf) und Petersilie (warm/scharf, bitter und salzig) und saurer Sahne (kühl/sauer) füllen.

Tipp: Sprossen sind im Frühjahr ein geeignetes Gemüse, da ihre Energie genau jener der Natur entspricht: schnelles, nach oben gerichtetes Wachstum. Zudem enthalten sie viele Vitamine.

GRÜNKERNFRIKADELLEN MIT TOMATENSALAT

Zutaten

$^1/_2$ l Gemüsebrühe,
125 g Grünkerngrütze (neutral bis leicht warm/süß und sauer),
3 altbackene Weizenbrötchen (kühl/süß),
wenn erwünscht:
50 g geräucherter Speck (heiß/salzig),
1 Zwiebel (warm/scharf und süß),
frische Petersilie (warm/scharf, bitter und salzig), Salz (kalt/salzig), Pfeffer (heiß/scharf), Muskat (warm/scharf),
1-2 Eier (neutral/süß)

Für den Salat

1 Zwiebel (warm/scharf und süß),
Sonnenblumenöl (kühl/süß), Salz (kalt/salzig), Pfeffer (heiß/scharf), Senf (warm/scharf), 1 Prise Rohrzucker (warm/süß),
Balsamicoessig (warm/sauer und bitter),
500 g Tomaten (kalt/süß und sauer)

Zubereitung

Die Grünkerngrütze in die kochende Gemüsebrühe streuen, kurz aufquellen lassen und dann die Herdplatte ausschalten. Während des Abkühlens immer wieder umrühren. Die alten Brötchen in kaltem Wasser einweichen, ausdrücken und auseinanderzupfen. Den Speck, die Zwiebel und die Petersilie klein schneiden und in etwas Butter glasig dünsten. Diese Mischung mit den Brötchen, Eiern und der Grütze vermischen und zu einem Teig verarbeiten. Wenn er zu flüssig ist noch feine Haferflocken untermischen, bis man ihn formen kann.
Mit nassen Händen Frikadellen formen und in heißem Öl in der Pfanne von beiden Seiten anbraten.

Tomaten waschen und in feine Scheiben schneiden. Mit den restlichen Zutaten eine Salatsoße machen und die Tomaten untermischen.

BÄRLAUCHKUCHEN

Zutaten

200 g Weizenmehl (kühl/süß),
65 g Butter (neutral/süß),
130 g Speisequark (kühl/süß und sauer),
350 g Bärlauch (warm/scharf),
200 g saure Sahne (kühl/sauer),
2 Eier (neutral/süß), Meersalz (kalt/salzig),
gemahlener schwarzer Pfeffer (heiß/scharf),
1 Msp. Cayennepfeffer (heiß/scharf)

Zubereitung

Mehl, Butter, Quark und Salz zu einem Teig verkneten und 1/2 Stunde kühl stellen.
Den Bärlauch in feine Streifen schneiden und mit 1-2 TL Butter in einem Topf anschwitzen. Die saure Sahne mit den verquirlten Eiern unterrühren. Mit Pfeffer und Salz Masse abschmecken.
Den Teig ausrollen, in ein gefettetes Backblech legen und mit einer Gabel mehrfach einstechen. Bei 180°C wird der Teig 15 Minuten vorgebacken. Anschließend die Bärlauchmasse darauf verteilen und die Quiche noch ca. 1/2 Stunde weiter backen.

Bärlauch (warm/scharf)

In der chinesischen Diätetik werden dem Bärlauch folgende Qualitäten und Wirkungen zugeschrieben:
Er bewegt das Qi und vertreibt von außen angreifende Einflüsse.
Zusätzlich haben die schwefelhaltigen Verbindungen im Bärlauch eine antioxidative und entgiftende Wirkung.

SPARGEL MIT KARTOFFELN UND RAUCHFLEISCH

Zutaten

500 g Spargel (kalt/süß und bitter),
500 g Kartoffeln (neutral/süß),
200 g Rauchfleisch (heiß/salzig),
Butter (neutral/süß),
Kräuter wie Schnittlauch (warm/scharf) und Petersilie (warm/scharf, bitter und salzig),
Salz (kalt/salzig), Pfeffer (heiß/scharf)

Zubereitung

Den Spargel waschen, schälen und in einem Topf mit Wasser gar kochen und abseihen. Ebenso die Kartoffeln in Wasser kochen. Spargel und Pellkartoffeln sowie Rauchfleisch auf einem Teller anrichten. Butter zerlassen und mit den fein gehackten Kräutern über den Spargel geben und genießen.

Der Spargel ist ein ideales Frühjahrsgemüse. Er verkörpert schon durch seine Form die aufsteigende Energie dieser Jahreszeit. Durch sein kaltes Temperaturverhalten kühlt er Hitzetendenzen in der Leber und enthält aus westlicher Sicht viel Vitamin C, Eisen, Natrium, Phosphor, Selen und Calcium. Rauchfleisch ist vom Temperaturverhalten her der geeignete Ausgleich für ein harmonisches Gericht.

MARGA'S JOHANNISBEERKUCHEN

Zutaten

Teig
250 g Weizenmehl (kühl/süß),
125 g Rohrzucker (warm/süß),
1 Ei (neutral/süß),
1 EL Wasser.

Belag
500 g Johannisbeeren (kühl/süß und sauer),
Grießbrei aus 1/2 l Milch,
125 g grobem Grieß (kühl/süß),
200 g Rohrzucker (warm/süß),
50 g Butter (neutral/süß),
etwas abgeriebene Zitronenschale (warm, bitter und scharf) und
50 g geriebene Mandeln (neutral/süß und bitter),
3 Eigelb (neutral/süß),
3 Eiweiß zu Eischnee geschlagen

Zubereitung

Zunächst die Zutaten für den Teig vermischen, kneten auswellen und in eine gebutterte Kuchenform geben. Die Johannisbeeren auf dem Teig verteilen. Aus den restlichen Zutaten, außer dem Eigelb und Eischnee einen Brei kochen, vom Feuer nehmen, dann das Eigelb einrühren und zuletzt den steifen Eischnee unterheben. Den Kuchen bei 200-210°C 55–60 Minuten backen.

WEIZENKEIMPFANNKUCHEN SÜSS-SAUER

Zutaten

1 1/2 Tassen Weizenkeime (kalt/scharf und süß),
2 1/4 Tassen Sauermilch (kühl/sauer) oder Buttermilch (kühl/süß und sauer),
3 Eier (neutral/süß),
6 EL Sonnenblumenöl (kühl/süß),
1 1/4 Tassen Weizenmehl (kühl/süß),
4 TL Weinsteinpulver,
1 EL Rohrzucker (warm/süß),
1 1/2 TL Salz (kalt/salzig)

Zubereitung

Mehl mit Weinsteinpulver vermischen, dann die Sauer- oder Buttermilch und Eier dazugeben und schlagen, Salz und Zucker hinzufügen und am Schluss die Weizenkeime.

Die Pfannkuchen in einer heißen Pfanne ausbacken.

Dazu passen frisch gedünstete säuerliche Äpfel (kühl/süß und sauer)

RHABARBERAUFLAUF

Zutaten

200 g Rhabarber (kalt/sauer),
50 g Rohrzucker (warm/süß),
60 g Weizenmehl (kühl/süß),
einige Löffel Milch (neutral/süß),
1 Ei (neutral/süß),
15 g Butter (neutral/süß)

Zubereitung

Vom Rhabarber die Fäden abziehen, die Stangen in Stückchen schneiden und in eine feuerfeste Form legen. Aus Mehl, Ei, Milch, Zucker und geschmolzener Butter einen Teig rühren und über den Rhabarber füllen. Den Auflauf mit Rohrzucker bestreuen und im Backofen bei mittlerer Hitze (ca. 170°C) 30 Minuten backen.

Im Rhabarber steckt die nach oben sprießende Frühjahrsenergie; durch seinen sauren Geschmack und sein kaltes Temperaturverhalten ist er besonders als Nachspeise zu dieser Jahreszeit geeignet.

STACHELBEERCREME

Zutaten
500 g Stachelbeeren (kühl/süß und sauer),
1 TL Fenchelkörner (warm/süß und scharf),
1/2 TL Ingwerpulver (heiß und scharf)
4 EL Apfeldicksaft (kühl/süß und sauer)

Zubereitung
Die Stachelbeeren waschen, halbieren und mit den Gewürzen zugedeckt etwa 20 Minuten sanft kochen, dann vom Herd nehmen und pürieren. Den Apfeldicksaft unterrühren und warm oder kalt, evtl. mit einem Klecks Joghurt servieren.

Stachelbeeren haben schon durch ihre grüne Farbe einen Bezug zur Wandlungsphase Holz. Sie kühlen und kräftigen die Leber. Sie sind ein ausgezeichnetes Mittel gegen Leber-Hitze. Die warm-heißen Gewürze bilden ein Gegengewicht zur Kühle der Speise, damit sie energetisch harmonisch wird.

BÄRLAUCHÖL Tipp

Gewaschene und abgetupfte Bärlauchblätter (warm/scharf) in breite Streifen schneiden. Die Blätter in eine Flasche geben und mit Olivenöl (kühl/süß) auffüllen.
Das Öl einen Monat an einem kühlen, dunklen Ort durchziehen lassen und anschließend abseihen.
Dieses Öl ist für alle Gerichte und Salate im Frühjahr besonders geeignet!

SELBST HERGESTELLTE BÄRLAUCHBUTTER Tipp

Gewaschene und abgetupfte Bärlauchblätter (warm/scharf) sehr fein hacken. Blätter und weiche Butter (neutral/süß) vermengen und mit Zitronensaft (kühl/sauer), Salz (kalt/salzig) und Pfeffer (heiß/scharf) abschmecken.
Ein leckerer und gesunder Brotaufstrich im Frühjahr!

FRISCHER STANGEN-SELLERIE-SAFT

Tipp

250 g frischen Stangen-Sellerie (kühl/süß) in kleine Stücke schneiden, evtl. kurz kochen und dann den Saft im Entsafter auspressen; täglich 2x jeweils eine Tasse davon einnehmen.

Die Rezeptur wirkt vorrangig Hitze kühlend und den Leber-Funktionskreis besänftigend.
Entsprechend sollte man den Saft beim eingangs erläuterten Disharmoniemuster „Aufsteigen überschüssiger gestauter Energie (aufsteigendes Leber-Yang)", das mit Symptomen wie Schwindel, Kopfschmerzen, Unruhe, gerötetem Gesicht oder geröteten Augen einhergehen kann, getrunken werden. In der modernen Verbindung von westlicher und chinesischer Medizin wird diese Rezeptur auch ergänzend bei Bluthochdruck eingesetzt. (Bitte suchen Sie aber bei solchen Beschwerden unbedingt einen Arzt auf).

Bei plötzlich einsetzendem Fieber ist der Stangen-Sellerie-Saft, genauso wie nach zu viel Alkoholgenuss geeignet.
Für Letzteres eignet sich ebenfalls Tomatensaft, der durch sein kühles Temperaturverhalten und den süßen sowie sauren Geschmack die Säfte und Energie der Leber nach der austrocknenden Hitze des Alkohols wieder herstellt.

ROSENBLÄTTERTEE

Tipp

(kühl/süß)

Die getrockneten, roten Rosenblätter mit heißem Wasser aufbrühen (2 TL pro Becher). Den Tee kann man gegen Schmerzen vor der Menstruation einsetzen. Der Rosenblättertee bewegt das Leber-Qi, das aus Sicht der TCM bei prämenstruellen Beschwerden stagniert und bringt es wieder in Fluss.

EIERWEIN

Tipp

1/8 l Rotwein (heiß/scharf und bitter) mit 1 frischen Hühnerei (neutral/süß)und 2 EL Traubenzucker (warm/süß) mit einem Schneebesen schaumig schlagen.

Dieses Getränk wurde früher zum Blutaufbau nach langen zehrenden Krankheiten gereicht. Frauen diente er nach der Menstruation als blutaufbauende Arznei. Der süße Geschmack des Traubenzuckers stärkt die Milz, die in der TCM für die Blutbildung verantwortlich ist. Das Ei und der Rotwein gelten als blutaufbauende Lebensmittel, wobei hier wieder das Maß entscheidend ist. 1/8 l Rotwein genügt. Man kann den Alkohol auch durch roten Traubensaft oder schwarzen Johannisbeersaft (für Kinder) ersetzen.

sommer

DIE WANDLUNGSPHASE FEUER

Der pralle Sonnenschein, der uns im Sommer erfreut, uns aber auch zu schaffen machen kann, wird in der TCM als „Hitze“ bezeichnet und der Wandlungsphase Feuer zugeordnet. Herz und Dünndarm sind die zugehörigen Organe zu dieser Jahreszeit. Es ergibt sich von selbst, dass unser Körper jetzt gekühlt und vor dem Austrocknen bewahrt werden sollte.
Alle erhitzenden Nahrungsmittel wie beispielsweise Zimt, Knoblauch, Chili, Cayennepfeffer, Lammfleisch, aber auch wärmende Lebensmittel und Gewürze wie beispielsweise Zwiebeln, Anis oder Wacholderbeeren, sollten jetzt gemieden werden. Saftige und kühlende Nahrungsmittel stehen nun auf dem Speiseplan und wachsen, wie Gurken, Zucchini, Tomaten, Erdbeeren und Kopfsalat, auch im heimischen Garten. Im Sommer können auch Früchte und Gemüse aus heißen Klimazonen sinnvoll zum Einsatz in der modernen, regionalen schwäbischen Küche kommen. Zitrusfrüchte, aber auch Wassermelonen oder Kiwis, können uns jetzt zum Abkühlen und Bewahren der Körpersäfte in der Sommerhitze eine willkommene Abwechslung auf dem Speiseplan bieten.

DIE FARBE ROT

Die Farbe Rot wird dem Sommer zugesprochen, was für uns beim Einkaufen bedeutet, dass alle roten Lebensmittel prinzipiell in dieser Jahreszeit energetisch gut tun.

Besonders die vielen roten Beeren finden in unserer heimischen Küche im Sommer Verwendung, wie z.B. Erdbeeren oder Johannisbeeren. Wenn es Richtung Spätsommer geht, kommen sowohl Rote Bete als auch frisch geerntete Karotten auf den Tisch.

DIE SOMMERGETREIDE

Getreide, denen eine kühlende Eigenschaft zugesprochen wird, sind Weizen und Gerste. Kein Wunder also, dass uns nach einem erhitzenden Spaziergang im Sommer nach einem kühlen Weizenbier mit einer Scheibe Zitrone gelüstet.

DER GESCHMACK UND DAS TEMPERATURVERHALTEN

Der bittere Geschmack entspricht in der TCM der sommerlichen Jahreszeit, weswegen im Sommer immer wieder bitterkühle und in Maßen bitter-kalte Nahrungsmittel, wie Endiviensalat, Löwenzahnsalat bzw. Löwenzahn- oder Brennnesselblättertee, aber auch bitter-warme Lebensmittel wie der Mohn verzehrt werden sollten. Wenn der bittere Geschmack im Übermaß genossen wird, hat er jedoch eine austrocknende Wirkung, weshalb ausgleichend der süße Geschmack und leicht Schleim erzeugende Lebensmittel wie Joghurt oder Quark nicht ganz fehlen sollten.

DIE DISHARMONIEN

1.) HERZ-QI-(ENERGIE)- UND HERZ-YANG (WÄRME)-MANGEL

Die westliche Medizin kennt diese Disharmonien u.a. unter den Diagnosen Angina pectoris, funktionelle Herzbeschwerden, Herzinsuffizienz oder Ängstlichkeit.

Die Symptome

Beschwerden wie Müdigkeit, Erschöpfung und spontanes Schwitzen treten bei dieser Disharmonie sehr häufig auf. Bei Yang-Mangel kommt noch Kälteempfinden dazu. Palpitationen, als unangenehm empfundenes Herzstolpern oder auch Herzrhythmusstörungen sowie Schlafstörungen sind ebenfalls eintretende Symptome. (Sie sollten selbstverständlich bei einer solch gravierenden Störung einen Arzt aufsuchen.)

Geeignete Ernährung

Neutrale bis warme Lebensmittel, bei Kälteempfinden (Yang-Mangel) sogar kurzfristig heiß. Der Geschmack sollte leicht bitter sein, jedoch auch ein wenig scharf und süß. Wärmende Lebensmittel wie Rosenkohl, Zwiebel, Schaf- und Ziegenkäse sowie Schaf- und Ziegenmilch, Kakao, Mohn, Anistee, Kohlrabi und Rote Bete sind dafür geeignet.

Ungeeignete Ernährung

Lebensmittel mit kaltem und kühlem Temperaturverhalten, wie beispielsweise Bananen, Buttermilch, Joghurt, Erdbeeren, Kiwi, Orangen, Mandarinen, Krabben, Endiviensalat und Gurken sollten vermieden werden.

Bei großer Sommer-Hitze besteht jedoch auch die Gefahr der Schädigung der Säfte, dem Blut, wodurch es zu einer weiteren Mangelerscheinung kommen kann.

2.) HERZ-YIN-MANGEL

Herzinsuffizienz, Schilddrüsenüberfunktion oder Vergesslichkeit und Ängstlichkeit können medizinische Diagnosen bei dieser Mangelerscheinung sein.

Die Symptome

Beschwerden wie Palpitationen, Herzrhythmusstörungen und Schlafstörungen, ebenso wie Hitzegefühl an den Handflächen, Fußsohlen und auf der Brust können vorkommen, aber auch Nachtschweiß, gerötete Wangen und Trockenheit im Mundraum.

Geeignete Ernährung

Kühle bis neutrale Lebensmittel. Der süße Geschmack erzeugt die erwünschte fehlende Feuchtigkeit. Kuhmilch, Mandeln, Mandelmilch, Mandelbrotaufstrich, Spinatgerichte, Weizen, auch als Grießbrei, sollten jetzt zum Einsatz kommen. Kühlende Getränke wie Pfefferminztee und Weizenbier in Maßen sind ebenfalls geeignet.

Ungeeignete Ernährung

Warme und heiße Lebensmittel mit einem scharfen und bitteren Geschmack wie Ingwer oder Wacholderbeeren sollten vermieden werden.

Tipp 1

Grießbrei eignet sich besonders bei Schlafstörungen als Abendmahlzeit, mit Kirschen als Beilage.
Auch die gebrannte Grießsuppe eignet sich hierfür ebenso wie bei Magenverstimmungen und Durchfall. Man röstet hierfür einige Löffel Weizengrieß in Butter an, löscht das Ganze dann mit Wasser ab und würzt einfach mit Salz.

Tipp 2

Grünen Tee (kühl/bitter) empfehlen die Chinesen seit Jahrhunderten als ein ideales Getränk gegen Sommer-Hitze. Grüntee kann Giftstoffe austreiben, das Herz-Feuer kühlen und den Geist beruhigen, Hitze von Leber und Gallenblase entfernen und Magen und Lunge befreien.
In unserer Tradition entspricht dies dem Löwenzahn- oder Brennesseltee, den man an jedem Wegesrand frisch finden kann.

GERSTENSUPPE MIT KRÄUTERN

Zutaten
100 g Gerste (kühl/süß und salzig),
1 1/2 l Gemüsebrühe,
400 g junge zarte Möhren (neutral/süß),
1 Bund Schnittlauch (warm/scharf),
1 Bund Petersilie (warm/scharf, salzig und bitter), weißer Pfeffer (heiß/scharf),
Kräutersalz (kalt/salzig)

Zubereitung

Die Gerste waschen, Gemüsebrühe zum Kochen bringen und Gerste darin aufkochen. Temperatur zurückschalten und 45 Minuten köcheln lassen.

Inzwischen Möhren putzen, waschen, halbieren und in dünne Stifte schneiden.

Die Möhrenstifte zugeben, nochmals aufkochen, 3 Minuten ziehen lassen, dann die frisch geschnittene Petersilie, den Schnittlauch und die Gewürze zugeben und servieren.

FRISCHE TOMATENSUPPE

Zutaten
1 kg vollreife Tomaten (kalt/süß und sauer),
1 fein gehackte Zwiebel (warm/scharf und süß), 2 EL Sonnenblumenöl (kühl und süß),
Salz (kalt/salzig),
Pfeffer (heiß/scharf),
Kräuter der Provence,
1 Schuss süße Sahne (neutral/süß)

Zubereitung

Die Tomaten mit kochend heißem Wasser übergießen, nach 3 Minuten das heiße Wasser abgießen. Nun lässt sich die Tomatenhaut einfach abziehen. Die gehäuteten Tomaten in kleine Würfelchen schneiden.

Das Öl in einem Topf erhitzen, die fein gehackte Zwiebel andünsten, die Tomatenwürfel zugeben und auf geringer Stufe köcheln lassen.

Vor dem Servieren würzen und die Sahne zufügen.

WEIZENBRÖTCHEN MIT TOMATENBROTAUFSTRICH

Weizenbrötchen

Zutaten 1 Hefewürfel, 3 Tassen warme Milch (neutral/süß), 100 g weiche Butter (neutral/süß) oder Sonnenblumenöl (kühl/süß), 2 Eier (neutral/süß), 2 TL Rohrzucker (warm/süß), 2 TL Salz (kalt/salzig), 6 Tassen Weizenmehl (kühl/süß), 4 Tassen Weizenvollkornmehl (kühl/süß)

Zubereitung

Den Hefewürfel in 3/4 Tasse lauwarmem Wasser auflösen. Alle Zutaten außer dem Mehl zu einem Teig verarbeiten, dann erst das Mehl zugeben. Der Teig sollte geschmeidig und elastisch sein. Mit einem Küchenhandtuch zudecken und an einem warmen Ort gehen lassen, bis er doppelte Größe erreicht hat. Erneut kneten und Brötchen formen, diese auf das gefettete Backblech setzen und ruhen lassen. Bei 190°C im vorgeheizten Ofen ca. 20-25 Minuten backen.

Tomatenbrotaufstrich

Zutaten 20 g Butter (neutral/süß), 30 g Weizenmehl (kühl/süß), 1 EL Tomatenmark (kalt/süß und sauer), 1/8 l Gemüsebrühe, 15 g Weizenkeime (kalt/scharf und süß), 1 gehacktes gekochtes Ei (neutral/süß), 1 kleine Zwiebel (warm/scharf und süß), nach Bedarf Meersalz (kalt/salzig)und Paprikapulver (warm/bitter, süß und scharf)

Zubereitung

Mehl in Butter anschwitzen, mit Brühe auffüllen und zu einem dicken Brei aufkochen lassen. Diesen mit Tomatenmark, Weizenkeimen, gehacktem Ei und geriebener Zwiebel vermischen und mit Salz und Paprikapulver abschmecken. Sie können auch eine sehr fein gehackte Paprikaschote (warm/süß, scharf und bitter) darunter mischen.

GURKENSALAT

Zutaten 1 große Salatgurke (kühl/süß), 2 EL Sonnenblumenöl (kühl/süß), 1 EL Weißweinessig (warm/sauer und bitter), 1/2 Zitrone (kühl/sauer), 1 TL Salz (kalt/salzig), 1 Prise Rohrzucker (warm/süß), 1 TL Senf (warm/scharf), 1 EL Joghurt (kalt/süß und sauer)

Zubereitung
Die Gurke schälen und in feine Rädchen schneiden. Die Zutaten für die Salatsoße mischen und verquirlen. Die Gurken darin anmachen und servieren. Dazu passen auch sehr gut die frischen Weizenbrötchen (Rezept siehe S. 58).

GEFÜLLTE GURKEN MIT GRÜNKERN-TOMATENRAHM

Zutaten 1 mittelgroße Schmorgurke (kühl/süß), 125 g Grünkernflocken (neutral bis leicht wärmend/süß und sauer), Meersalz (kalt/salzig), etwas Zitronensaft (kühl/sauer), 50 g süße Sahne (neutral/süß), 100 g Tomaten (kalt/süß und sauer), 100 g Möhren (neutral/süß), 10 g Sonnenblumenöl (kühl/süß), 1 klein gehackte Zwiebel (warm/scharf und süß), Dill (warm/scharf)

Zubereitung
Die Gurke waschen, der Länge nach halbieren, die Kerne herauslösen, die Innenseite mit Salz und Zitronensaft würzen. Grünkernflocken mit Sahne und gehäuteten, pürierten Tomaten, den fein geriebenen Möhren und der Zwiebel, sowie Öl und Dill mischen und abschmecken. Die Masse in die Gurkenhälften füllen, in eine gebutterte Auflaufform legen, Öl hinzufügen und bei mittlerer Hitze im Ofen weich schmoren.

SCHWÄBISCHES GURKENGEMÜSE

Zutaten

40 g Butter (neutral/süß),
40 g Mehl (im Sommer Weizen, im Spätsommer eher Dinkel),
2 Zwiebeln (warm/scharf),
500 ml Gemüsebrühe,
1 Nelke (warm/scharf),
1 Lorbeerblatt (warm/scharf),
Salz (kalt/salzig),
Pfeffer (heiß/scharf),
1 Prise Rohrzucker (warm/süß),
Essig (warm/sauer und bitter),
1 EL Rotwein (heiß/scharf und bitter),
2 Salatgurken (kühl/süß)

Zubereitung

Die Butter erhitzen und das Mehl darin anschwitzen. Die klein geschnittene Zwiebel dazugeben. Die lauwarme Brühe langsam unter Rühren hinzugeben und aufkochen lassen.

Die andere Zwiebel ebenfalls schälen und mit der Nelke und dem Lorbeerblatt gespickt hinzugeben. Mit Salz, Pfeffer, Zucker, Essig und Rotwein würzen, 15 Minuten köcheln lassen.

Inzwischen die Gurken putzen, schälen, längs halbieren, Kerne mit einem Löffel entfernen und die Gurkenhälften in Scheiben schneiden. Dann zur Soße geben, 10 Minuten mitkochen und zu Spätzle (im Sommer vorzugsweise aus Weizen, im Spätsommer eher aus Dinkelmehl) servieren.

TOMATEN GEFÜLLT MIT WEIZEN

Zutaten

200 g Weizenkörner (kühl/süß),
0,35 l Wasser,
8 feste große Tomaten (kalt/süß und sauer),
1 Zwiebel (warm/scharf und süß),
3 Knoblauchzehen (heiß/scharf),
1 Bund Petersilie
(warm/scharf, bitter und salzig),
Thymian (warm/ bitter und scharf),
1/2 EL Butter (neutral/süß),
Salz (kalt/salzig),
schwarzer Pfeffer (heiß/scharf),
200 g geriebener Emmentaler oder
Greyerzer (neutral/scharf, salzig und süß),
1 EL Sojasoße (kalt und salzig)

Zubereitung

Backofen auf 220°C vorheizen.
Weizenkörner im Wasser zum Kochen bringen, zugedeckt bei schwacher Hitze 1 Stunde garen. Von den Tomaten Deckel abschneiden und mit einem Löffel aushöhlen. Zwiebel, Knoblauch, Petersilie und Thymian fein hacken. Zwiebeln, Knoblauch und Thymian in Butter glasig dünsten, die abgetropften Weizenkörner zugeben und unter Rühren schmoren. Den Topf vom Herd nehmen und würzen, Sojasoße zugeben, dann abkühlen lassen. Kleingewürfelter Käse und Petersilie unterheben, die Masse in die Tomaten füllen und 15-20 Minuten bei 220°C backen.

TOMATEN-QUICHE

Zutaten

300 g Dinkelmehl (neutral bis leicht warm/süß),
6 Eier (neutral/süß),
1 EL Sonnenblumenöl (kühl/süß),
Salz (kalt/salzig),
3-4 EL Wasser,
1 kg vollreife Tomaten (kalt/süß und sauer),
je 1 Bund Schnittlauch (warm/scharf) und Basilikum (warm/ bitter, scharf und süß),
6 Zweige frischer Thymian (warm/bitter und scharf),
$^{1}/_{8}$ l Milch (neutral/süß),
1 Becher Creme fraîche (neutral/süß),
75 g geriebener Parmesankäse (neutral/scharf, salzig und süß),
weißer Pfeffer (heiß/scharf),
1 Prise Cayennepfeffer (heiß/scharf), etwas Muskat (warm/scharf),
Butter (neutral/süß) für das Blech,
Mehl zum Ausrollen

Zubereitung

Dinkelmehl mit 2 Eiern, Öl, Salz und etwas Wasser zu einem geschmeidigen Nudelteig verkneten. Er darf nach dem Durchkneten nicht mehr kleben. Wenn er zu fest ist, tropfenweise Wasser darunter kneten.
Teig zu einer Kugel formen und 30 Minuten ruhen lassen. Inzwischen Tomaten häuten. Dafür übergießt man sie kurz mit kochendem Wasser. Die Haut platzt auf und lässt sich leicht abziehen, dann klein schneiden. Eier, Milch, Creme fraiche und Parmesan verquirlen, Kräuter waschen, abtupfen und klein schneiden.
Alles vermischen und würzen. Das Backblech mit dem Teig auslegen. Tomatenscheiben darauf verteilen. Eiermilch darüber gießen und 30-40 Minuten bei 200°C backen bis die Eiermasse gestockt ist und die Oberfläche der Quiche schön goldbraun ist.

ROTE GRÜTZE MIT VANILLESOSSE

Zutaten
1 kg rote verschiedene Früchte,
z.B. Erdbeeren (kühl/süß und sauer),
Johannisbeeren (kühl/süß und sauer),
Himbeeren (warm/süß und sauer),
1/2 l Johannisbeer- oder Traubensaft,
1 P. Vanillepuddingpulver,
1-2 EL Rohrzucker (warm/süß)

Zutaten Vanillesoße
300 g Magerquark (kühl/süß und sauer),
1/2 Becher süße Sahne (neutral/süß),
echte Vanille (warm/süß)
und etwas Honig (neutral/süß)

Zubereitung
Rote Beeren waschen und in einen Kochtopf geben, mit rotem Saft und etwas Rohrzucker vermischen und aufkochen lassen. Ein Vanillepuddingpulver mit rotem kaltem Saft anrühren und unter die heiße Beerenflüssigkeit mischen, umrühren, kurz aufkochen und fertig ist die Nachspeise.

Zubereitung Vanillesoße
Die Zutaten für die Vanillesoße vermengen und mit dem Schneebesen glatt rühren.

MOHNSCHNECKENNUDELN

Zutaten für Hefeteig

500 g Weizenmehl (kühl/süß),
1 Hefewürfel, 1 Tasse warmes Wasser,
1 TL Rohrzucker (warm/süß),
70 g geschmolzene Butter (neutral/süß),
1 Prise Salz (kalt/salzig)

Zutaten für Füllung

200 g Mohn (warm/bitter) gemahlen,
1 EL Rohrzucker (warm/süß),
4-5 EL Quark (kühl/süß und sauer)

Zubereitung Hefeteig

Die Hefe in lauwarmem Wasser auflösen, Rohrzucker zugeben und in eine Schüssel mit dem Mehl gießen, die geschmolzene Butter zugeben und zu einem Hefeteig kneten. Zudecken und 2 Stunden gehen lassen. Vor dem Ausrollen nochmals kneten.

Zubereitung Füllung

Mohn, Rohrzucker und Quark vermischen.

Den Hefeteig zu einem Quadrat ausrollen, die Füllung mit einem Löffel darauf streichen und dann aufrollen. Von der Rolle mit einem nassen Messer ca. 2 cm dicke Scheiben abschneiden und auf mit Backpapier ausgelegtes Backblech legen. Bei 180°C ca. 10-15 Minuten backen.

Mohn hat durch seinen bitteren Geschmack einen besonderen Bezug zum Sommer. Man kann diese Mohnschneckennudeln auch zu einem Grillabend mitbringen - sie finden immer Anklang. Der bittere Geschmack trocknet das Schleim erzeugende Fett und die Wärme bringt im Sommer Ausgleich zu den vielen kalten Salaten.

SOMMER-ERFRISCHUNGSTEE

Zutaten
1 TL Pfefferminze (kühl/scharf),
2 TL getrocknete Hagebutten (leicht warm/sauer und süß),
1 EL Apfeldicksaft (kühl/süß und sauer),
1/2 l Wasser, Zitronensaft (kühl/sauer) nach Geschmack

Zubereitungszeit
5 Minuten, Menge: 1/2 l

Die Kräuter mit kochendem Wasser überbrühen und 5 Minuten ziehen lassen. Kurz vor dem Servieren den Apfeldicksaft und nach Belieben Zitronensaft hinzufügen.
Ein kühlendes, erfrischendes Getränk und ein Hochgenuss an einem heißen Sommertag. Zudem ist er auch bei fieberhaften Erkrankungen hilfreich. Er kühlt einen überhitzten Magen oder eine energetisch zu heiße Leber und ist ideal für alle, die im Sommer unter Hitze leiden.

SELBST GEMACHTE LIMONADE

Für etwa 1 Liter Limonade
2 unbehandelte Zitronen (kühl/sauer),
100 g - 125 g Puderzucker oder noch besser Rohrzucker (warm/süß),
75 cl Wasser

Wasser und Zucker in einen Topf geben und so lange rühren, bis der Zucker sich aufgelöst hat. Die Zitronen waschen und die Schale hauchdünn abschälen. Die Schale klein hacken und im Zuckerwasser ziehen lassen. Den ausgepressten Zitronensaft mit dem Zuckerwasser vermischen und 4-5 Stunden stehen lassen.
Danach die Flüssigkeit abseihen und in eine Karaffe gießen. Gekühlt servieren. Die Limonade kann man mit Mineralwasser mischen.

spätsommer

DIE WANDLUNGSPHASE ERDE

Die wirklich sehr heißen Tage halten sich in unseren Breiten eher in Grenzen.
Viel bedeutender für die ausgewogene und kraftvolle Ernährung ist deswegen die Wandlungsphase Erde, zu der der Spätsommer gehört.
Der Wandlungsphase Erde gehören die beiden Organe Magen und Milz/Bauchspeicheldrüse an, die in der TCM den Dreh- und Angelpunkt der Verdauung darstellen. Sie stellen den mittleren Erwärmer dar, vereinfacht auch als „die Mitte" bezeichnet.
In China gab es Diätärzte, die resümierten, dass man, egal um welche Störung es sich im Körper handle, vor allem anderen insbesondere den mittleren Erwärmer energetisch stärken müsse. Nur durch einen gestärkten mittleren Erwärmer würden sich auch die anderen Störungen beheben lassen. Sollten Sie sich beim Kochen für keine eindeutige Jahreszeit entscheiden können, weil wir uns gerade in einer der Übergangszeiten befinden, ist es empfehlenswert, nach der Wandlungsphase Erde zu kochen und einfach die „Mitte" zu stärken.

DIE FARBE GELB

Gelb ist die Farbe der Wandlungsphase Erde. Karotten, Kartoffeln, Kürbis und Süßkartoffeln stärken ganz besonders gut unser Verdauungssystem.

DIE SPÄTSOMMERGETREIDE

Neutrale Getreide, die hervorragend die „Mitte“ stärken, sind vorwiegend Hirse und Mais.
Wenn die Tage kühler werden und sich Richtung Herbst bewegen, können auch leicht wärmende Getreide wie Dinkel oder Hafer eingesetzt werden.

Laut der chinesischen Organuhr haben Milz/Bauchspeicheldrüse und Magen zwischen 7.00 und 11.00 Uhr ihre Hauptenergiezeit. Ich nehme hierfür gerne das Bild eines Holzofens, der morgens nach einem Brikett verlangt, um den Tag über gleichbleibend Wärme verströmen zu können. Genauso verlangt unser Verdauungssystem morgens nach gekochtem Getreide, z.B. traditionell in Form von schwäbischem Schwarzmus, bestehend aus gemahlenem, geröstetem Dinkelmehl.

SCHWARZMUS (Rezept siehe S. 82)

Es gibt aus Sicht der TCM kein besseres Frühstück um den mittleren Erwärmer zu nähren und eine gute energetische Grundlage für den Tag zu haben. Man röstet Dinkelkörner im Ofen und durch die dunkle Färbung bekommt auch der Brei eine dunkle Farbe, daher der Name „schwarzer Brei oder Schwarzmus“.
Perfektes Frühstück war das Schwarzmus auch für die Bauern auf der kargen, schwäbischen Alblandschaft. Sie mussten morgens eine Mahlzeit zu sich nehmen, die sie lange ohne Zwischenmahlzeit ihre harte körperliche Arbeit durchhalten ließ.

DER GESCHMACK UND DAS TEMPERATURVERHALTEN

Der Geschmack süß wird der Wandlungsphase Erde zugeordnet. Mit süß ist jedoch nicht die Zuckersüße der heutigen Lebensmittelindustrie gemeint, sondern Kohlenhydrate, also Getreide.
Neutralität vom Temperaturverhalten her und auch nicht zu starke Gewürztees gehören zu diesem Jahreszeitenabschnitt.

DIE DISHARMONIEN

1.) MILZ-ENERGIE-MANGEL (MILZ-QI-MANGEL)

Bezeichnung in der westlichen Medizin für diese Disharmonie sind u.a. Fehlernährung, Beschwerden durch psychische Belastungen und extremen Stress, Erschöpfungszustände, Über- oder Untergewicht, erhöhte Blutfettwerte, Lebensmittelallergien, niedriger Blutdruck oder Reizdarm verantwortlich.

Die Symptome

Symptome wie chronische Müdigkeit, allgemeine Abwehrschwäche und Infektanfälligkeit, sowie Konzentrationsschwäche, breiiger und ungeformter Stuhl können einem hier zu schaffen machen.

Ödembildung, geschwollenes Gesicht, Schweregefühl in den Gliedmaßen, Trägheit, Niedergeschlagenheit, Antriebslosigkeit, Übergewicht, Verschleimung, Nasennebenhöhlenentzündungen, wiederkehrende Erkältungskrankheiten und verschleimte Bronchien treten ebenfalls immer wieder auf.

Geeignete Ernährung

So genannte süße Nahrungsmittel wie Getreide, Huhn, viele Gemüsesorten, bestimmte Obstsorten und Trockenfrüchte stärken das Qi (=die Lebensenergie) und befeuchten die Körpersäfte. Sie kräftigen und harmonisieren unseren mittleren Erwärmer.

Jedoch bewirkt übermäßiger Genuss von Weißzucker und denaturierten Süßungsmitteln extreme Blutzuckerschwankungen. Auch konzentrierte „vollwertige“ Süßmittel wie Honig, Ahornsirup sollten nur in Maßen genossen werden.

Ungeeignete Ernährung

Zu viel verschleimende und kalte Nahrung wie Rohkost, Salate, Milch und Milchprodukte oder auch Zitrusfrüchte, durch die der Mangel auch oft erst ausgelöst wird, sollten auf jeden Fall vermieden werden.

2.) MILZ-ENERGIE- UND -WÄRME-MANGEL (MILZ-YANG-MANGEL)

Z.B. chronische Gastroenteritis, Anämie, chronische Malabsorptionsstörungen oder chronische gastroenterologische Störungen sind als entsprechende Diagnosen dieser Disharmonie in der westlichen Medizin bekannt.

Die Symptome:

U.a. sind ständig kalte Füße und Hände sowie Frieren, Kältegefühl im Bauchraum, wässriger Stuhlgang mit unverdauten Nahrungsresten, Ödembildung, Schwäche, Müdigkeit und chronische Verdauungsstörungen häufig auftretende Symptome bei dieser Mangelerscheinung.

Geeignete Ernährung:

Zu empfehlen sind mindestens zwei bis drei warme Mahlzeiten pro Tag und süße Früchte sowie die Getreidesorten Mais und Hirse.

Wärmende Fleischsorten wie Huhn, Lamm, Rind oder Wild sind ebenso geeignet wie Forelle, Lachs und Thunfisch.

Auch Gewürze wie Anis, Cayenne, Fenchelsamen, Ingwer, Kardamom, Vanille, Zimt, Sternanis, Koriander, Oregano, Rosmarin und Thymian können bei diesem Ungleichgewicht besonders häufig zum Einsatz kommen.

Ungeeignete Ernährung:

Lebensmittel von kaltem bis kühlem energetischen Temperaturverhalten sowie ein Übermaß an scharfem und süßem Geschmack, insbesondere von raffiniertem Industriezucker sollte vermieden werden.

So z.B. Südfrüchte, Rohkost im Allgemeinen, kalte Getränke und Milchprodukte.

MAIS-KÜRBIS-SUPPE

Zutaten

600 ml Wasser,
400 g Mais frisch gekocht (neutral(süß).
1/4 Hokkaidokürbis
(kann mit der Schale gegessen werden),
6 EL Schlagsahne (neutral/süß),
1/2 TL Salz (kalt/salzig),
1 Prise Pfeffer (heiß/scharf),
2 TL Speisestärke, aufgelöst in 2 EL Wasser,
1 Ei verquirlt (neutral/süß)

Zubereitung

Hokkaidokürbis klein schneiden, in Wasser weich kochen und pürieren.

Mais mit Sahne in einer Schüssel zu grobem Püree zerstampfen. Wasser und Maispüree in einem großen Topf zum Kochen bringen und 5-10 Minuten köcheln lassen, den pürierten Hokkaidokürbis zugeben. Mit Salz und Pfeffer abschmecken. Nun die Speisestärke einrühren. Unter Rühren köcheln lassen bis die Suppe eindickt. Das Ei unterheben und sofort servieren.

HIRSE-KAROTTEN-SUPPE

Zutaten

100 g Hirse (neutral/süß und salzig),
1 Zwiebel (warm/scharf und süß),
1 EL Butter (neutral/süß),
1 EL Sonnenblumenöl (kühl/süß),
1 l Gemüsebrühe, 1 Bund Lauchzwiebel (warm/scharf), 250 g Möhren (neutral/süß), 1/2 Bund Petersilie (warm/scharf, bitter und salzig), Kräutersalz (kalt/salzig), weißer Pfeffer (heiß/scharf), gemahlener Kümmel (warm/süß und scharf)

Zubereitung

Die Hirse waschen und abtropfen lassen. Die Zwiebel fein hacken und in Öl glasig dünsten. Die Hirse hinzugeben und anbraten, bis die Körner vom Fett überzogen sind. Die Gemüsebrühe dazutun und zum Kochen bringen, dann bei niedriger Temperatur köcheln lassen. Inzwischen Frühlingszwiebeln und Möhren fein schneiden, zur Hirse geben und ca. 10 Minuten garen, würzen und abschließend die Petersilie darüber geben.

KARTOFFELSUPPE MIT KRÄUTERN

Zutaten 500 g mehlig kochende Kartoffeln (neutral/süß), 1 Zwiebel (warm/scharf und süß), 1 EL Butter (neutral/süß), 1/4 l süße Sahne (neutral/süß), 1 unbehandelte Zitrone (kühl/sauer), 1/4 l Gemüsebrühe, 1 EL frischer Thymian (warm/bitter und scharf), Salz (kalt/salzig), weißer Pfeffer (heiß/scharf)

Zubereitung

Kartoffeln waschen, schälen und klein würfeln. Zwiebel schälen und fein hacken.

Zwiebel in Butter glasig dünsten. Kartoffelwürfel dazugeben und so lange anbraten und wenden, bis sie mit Fett überzogen sind. Die Sahne zugeben und alles einmal aufkochen. Zugedeckt bei schwacher Hitze weich kochen und dabei häufig rühren.

Die Brühe unter die gegarten Kartoffeln rühren, die fein gehackte Zitronenschale und die Thymianblättchen mischen. Die Suppe mit Zitronensaft, Salz und Pfeffer abschmecken und servieren.

KÄSEGEBÄCK

Zutaten 500 g Dinkelmehl
(neutral bis leicht warm/süß),
500 g Quark (kühl/süß und sauer),
250 g geschmolzene Butter (neutral/süß),
Salz (kalt/salzig),
1 P. Weinsteinpulver

Zubereitung

Alle Zutaten in eine große Schüssel geben und mit der Hand zu einem geschmeidigen Teig verkneten. Diesen 1 Stunde im Kühlschrank ruhen lassen.

Danach kann man ihn 1-2 cm dick auswalzen und entweder mit Ausstecherförmchen nach Wahl ausstechen oder man nimmt eine kleine Kugel in die Hand, rollt sie zwischen den Händen und drückt sie auf dem Backblech leicht flach.

Man kann dieses Salzgebäck mit Kümmel, Mohn, Salz, Rauchfleischwürfeln, Kräuter der Provence oder Käse bestreuen und dann bei 200°C (nicht weniger, sonst wird es trocken) ca. 15 Minuten ausbacken.

KÜRBISSALAT MIT KÄSEGEBÄCK

Zutaten 400 g Kürbis (warm/süß) in kleine Würfel geschnitten

Soße ½ TL Anispulver (warm/süß und scharf),
¼ TL Fenchelpulver (warm/süß und scharf),
1 Msp. Ingwerpulver (heiß/scharf),
1 Msp. Curcuma (warm/bitter und scharf),
etwas Cayennepfeffer (heiß/scharf).
½ TL Salz (kalt/salzig),
3 EL Apfelessig (warm/sauer und bitter),
1 Prise Rosmarin (warm/scharf und bitter),
6 EL Sonnenblumenöl (kühl/süß),
1 EL Walnussöl (warm/süß),
1 TL Honig (neutral/süß),
2 EL fein geschnittene, geröstete Mandeln (neutral/süß und bitter),
2 EL leicht geröstete Kürbiskerne (neutral/süß und bitter)

Zubereitung

Die Kürbiswürfel im Siebeinsatz über dem Wasserdampf weich dämpfen und aufpassen, dass sie nicht zerfallen. Dann in eine Schüssel geben.
Die Soßenzutaten in der angegebenen Reihenfolge verrühren und unter den lauwarmen Kürbis mischen, ½ Stunde ziehen lassen.
Dazu Käsegebäck servieren.

GEBRATENE SEMMELKNÖDEL MIT KOPFSALAT UND ERDBEEREN

Zutaten Semmelknödel

12, zwei Tage alte Dinkelvollkornbrötchen (neutral bis leicht warm/süß), 2 Eier (neutral/süß), 250 ml Milch (neutral/süß), 250 ml Wasser, 2 Zwiebeln (warm/scharf), 30 g Butter (neutral/süß), 1 Bund Petersilie (warm/scharf, bitter und salzig), 1/2 TL Muskat (warm/scharf), 1 TL Salz (kalt/salzig), 1 TL Pfeffer (heiß/scharf)

Zutaten für das Backen in der Pfanne

50 g Butter, 2-3 Eier

Zubereitung

Die Brötchen in feine Würfel schneiden und in der lauwarmen Milch und dem Wasser einweichen. Die fein geschnittenen Zwiebelwürfel in einer Pfanne mit Butter glasig dünsten. Dann zusammen mit der gehackten Petersilie zur Brötchenmasse geben und gut durchkneten. Falls der Teig zu weich ist, um Knödel formen zu können, 1 EL Semmelbrösel und 1 EL feine Haferflocken im Wechsel zugeben, bis die Knödel mit nassen Händen formbar sind. In einem Topf 2-3 l Wasser zum Kochen bringen und die geformten Knödel hineingeben. Nach ca. 5 Minuten steigen die Knödel an die Oberfläche. Sofort mit einem Schaumlöffel herausnehmen, abtropfen und erkalten lassen. In einer Pfanne Butter erhitzen, die kalten Knödel in Scheiben schneiden (nicht zu dünn) und anbraten. 2-3 Eier verquirlen und darüber gießen.
Mit grünem Salat (kalt/bitter und süß) und frischen Erdbeeren (kühl/süß und sauer) servieren.

Salatsoße für 1 Kopfsalat (kühl/ süß und bitter)

3 EL Sonnenblumenöl (kühl/süß), 1/2 TL Salz (kalt/salzig), 1/2 TL Pfeffer (heiß/scharf), 1 TL Senf (warm/scharf), 1 Prise Rohrzucker (warm/süß) oder 1/2 TL Waldhonig (neutral/süß), 2 TL frisch gehackten Schnittlauch (warm/scharf), 2 TL fein gehackte Petersilie (warm/scharf, bitter und salzig)

HONIG-HÄHNCHENSCHLEGEL MIT KÜRBISSALAT

Zutaten
1 kg Hähnchenschlegel (warm/süß),
50 g zerlassene Butter (neutral/süß),
2 EL Senf (warm/scharf),
1 TL Salz (kalt/salzig),
1 TL Pfeffer (heiß/scharf),
1/3 Tasse Honig (neutral/süß)

Zubereitung

Die gewaschenen und abgetrockneten Hähnchenschlegel mit der Haut nach oben auf ein gefettetes oder mit Backpapier ausgelegtes Backblech legen. Die restlichen angegebenen Zutaten mischen und darüber gießen.
Knapp über 1 Stunde im Backofen bei 180°C braten. Während des Backvorgangs die Hähnchenschlegel dreimal mit dem Bratensaft übergießen.
Dazu passt Kürbissalat (Rezept siehe Vorspeisen).

KÜMMELKARTOFFELN AUS DEM OFEN

Zutaten
500 g Kartoffeln (neutral/süß),
50 g Butter (neutral/süß),
3 TL Kümmel (warm/süß und scharf),
1 TL Salz (kalt/salzig)

Zubereitung

Die Kartoffeln in 2 l Salzwasser weich kochen, abgießen, mit kaltem Wasser kurz abschrecken, schälen und in Scheiben schneiden. In eine gebutterte Auflaufform legen und Salz, Kümmel und 50 g zerlassene Butter darüber streuen.

Im Ofen bei 200°C 20 Minuten backen.
Dazu passt ein frischer grüner Salat (kalt/bitter und süß).

ÜBERBACKENE MAULTASCHEN MIT TOMATENSOSSE, PILZEN UND KRÄUTER DER PROVENCE

Zutaten

6 Maultaschen
(vorwiegend neutral bis leicht warm/süß),
500 ml passierte Tomaten
(kalt/süß und sauer),
250 g frische Champignons (kühl/süß),
50 g Butter (neutral/süß),
1 TL Salz (kalt/salzig),
1 TL Pfeffer (heiß/scharf),
12 TL Kräuter der Provence

Zubereitung

Die Maultaschen in Salzwasser kochen, herausnehmen und in eine mit Butter gefettete Auflaufform legen. Die passierten Tomaten mit Salz, Pfeffer und Kräutern der Provence mischen und darüber gießen. Die frisch gewaschenen Champignons schneiden und darüber legen. Im Ofen 1/2 Stunde bei 180°C überbacken. Nach Wunsch noch 50 g geraspelten Käse (neutral/scharf, salzig und süß) darüber streuen.

GERSTEN-KRÄUTER-BRATLINGE MIT RUCOLASALAT

Zutaten

100 g Gerstengraupen (kühl/süß und salzig),
4 EL Wasser, 15 g Butter (neutral/süß),
1/2 Tasse Brennnesselblätter (kühl/bitter),
etwas Meersalz (kalt/salzig),
1 Zwiebel (warm/scharf und süß),
25 g Sonnenblumenöl (kühl/süß)

Zubereitung

Die über den Tag eingeweichten Graupen mit dem Wasser zu einem dicken Brei kochen. Die in Butter gedünstete, fein gehackte Zwiebel und die gehackten Brennnesselblätter darunter mischen und die Masse mit Salz abschmecken. Bratlinge daraus formen und in erhitztem Öl in der Pfanne knusprig braten.

Zubereitung Rucolasalat

300 g Rucolasalat (kühl/scharf und bitter) waschen und putzen.

Salatsoße aus 1 EL Joghurt (kalt/süß und sauer), 2 EL Sonnenblumenöl (kühl/süß), 1 EL Balsamicoessig (warm/sauer und bitter), Petersilie (warm/scharf, bitter und salzig), Schnittlauch (warm/scharf), Salz (kalt/salzig) und Pfeffer (heiß/scharf) anrühren und mit dem abgetropften Salat vermengen.

KARTOFFELPÜREEPUFFER MIT MANGOLDGEMÜSE

Zutaten für die Kartoffelpüreepuffer

500 g Kartoffeln (neutral/süß),
1 EL geriebener Emmentaler-Käse (neutral/scharf/salzig/süß),
1 Ei (neutral/süß),
2-3 EL Weizenvollkornmehl (kühl/süß),
1 TL Salz (kalt/salzig), Pfeffer (heiß/scharf),
etwas Muskat (warm/scharf),
2-3 EL Sonnenblumenöl (kühl/süß)

Zutaten für das Mangoldgemüse

1 kg Mangold, (kühl/süß),
1 TL Salz (kalt/salzig), Pfeffer (heiß/scharf),
1 EL Butter (neutral/süß)

Zubereitung Kartoffelpüreepuffer

Die Kartoffeln in heißem Wasser mit Salz kochen bis sie gar sind, dann abschütten, schälen und in einem Topf zu Püree zerstampfen und kalt werden lassen. Die restlichen Zutaten untermischen und im Kühlschrank 1 Stunde kalt stellen. Dann mit nassen Händen Puffer formen und in einer Pfanne mit heißem Öl braten.

Zubereitung Mangoldgemüse

Das Gemüse waschen, die grünen Blätter abzupfen, in Stücke schneiden und in heißem Wasser mit etwas Salz ca. 10 Minuten kochen. Das überschüssige Wasser abschütten, Butter, Salz und Pfeffer dazugeben und zu den Kartoffelpüreepuffern servieren.

SCHWÄBISCHER APFELKUCHEN

Zutaten für den Boden

300 g Dinkelmehl
(neutral bis leicht warm/süß),
150 g Butter (neutral/süß),
75 g Rohrzucker (warm/süß),
etwas Milch (neutral/süß)

Zubereitung Boden

Zutaten in einer großen Schüssel vermengen, auswellen, auf den Boden etwas Weckmehl streuen und in das Kuchenblech geben.

Zutaten für den Belag und Guss

1 kg Äpfel (kühl/süß und sauer),
500 g Joghurt (kalt/süß und sauer),
200 g süße Sahne (neutral/süß),
3 EL Rohrzucker (warm/süß),
2 gehäufte EL Stärke, 4 Eier (neutral/süß),
Vanillezucker (warm/süß), Zimt (heiß/süß und scharf), 50 g Sultaninen (warm/süß)
(evtl. in Rum getränkt),
2 EL Mandelblättchen
(neutral/süß und bitter)

Zubereitung Belag und Guss

Die Äpfel in Scheiben schneiden und in das Kuchenblech füllen, mit etwas Zimt bestreuen und Sultaninen darüber streuen.
Die restlichen Zutaten mit einem Schneebesen verrühren und über die Äpfel gießen, dann noch mit Mandelblättchen bestreuen und in dem vorgeheizten Backofen bei 180°C ca. 45 Minuten backen.

APFELAUFLAUF MIT HAFERFLOCKENKRUSTE (APFELKRUSTEL)

Zutaten

4 große, geschälte und in Achtel geschnittene Äpfel (kühl/süß und sauer),
1 EL Rohrzucker (warm/süß),
2 EL Honig (neutral/süß),
2 EL Zitronensaft (kühl/sauer)

Für den Belag

120 g Dinkelmehl (neutral bis leicht warm/süß),
vermischt mit 1/2 P. Weinsteinpulver,
80 g Haferflocken (warm/süß),
80 g Rohrzucker (warm/süß),
100 g Butter (neutral/süß)

Zubereitung

Backofen auf 180°C vorheizen. Eine Auflaufform mit Butter gut einfetten. Die Äpfel mit Rohrzucker, Honig und Zitronensaft in einem Kochtopf ca. 10 Minuten dünsten bis die Äpfel weich sind, dann diese Apfelmischung in die Auflaufform füllen. In einer Schüssel das Mehl mit Weinsteinpulver, dem Rohrzucker und den Haferflocken vermengen. Diese trockene Mischung mit der geschmolzenen Butter zu einer Streuselmasse verrühren und über die Äpfel geben.

Im Backofen ca. 30 Minuten backen bis die Kruste eine leicht braune Färbung zeigt.

Dieser Nachtisch kann kalt oder warm genossen werden. Er ist besonders für Kinder geeignet, denn durch die Wärme der Haferflocken und die leichte Wärme des Dinkelmehls wird ihr mittlerer Erwärmer gestärkt. Der säuerliche Geschmack der Äpfel hält Säfte im Körper.

BLECHKUCHEN MIT KIRSCHEN ODER ZWETSCHGEN, QUARK UND MANDELN

Zutaten für den Hefeteig

500 g Vollkorndinkelmehl
(neutral bis leicht warm/süß),
1 Hefewürfel,
50 g weiche Butter (neutral/süß),
1 Prise Salz (kalt/salzig),
1 EL Rohrzucker (warm/süß),
3 EL Milch (neutral/süß), ggf. etwas Wasser

Zutaten für den Belag

500 g Quark (kühl/süß und sauer),
2-3 Eier (neutral/süß),
1-2 EL Rohrzucker (warm/süß),
ca. 500- 1000 g Kirschen
(warm/süß und sauer) oder Zwetschgen
(neutral/süß und sauer),
100 g Mandelsplitter
(neutral/süß und bitter)

Zubereitung

Das Mehl in eine große Schüssel sieben, den in etwas lauwarmem Wasser aufgelösten Hefewürfel hineingeben, ebenso die restlichen Zutaten und einen weichen, aber formbaren Teig kneten. Zudecken und an einem warmen Ort bis zur doppelten Größe gehen lassen. Dann nochmals durchkneten und auf einem gefetteten oder mit Backpapier ausgelegten Backblech ausrollen.
Den Quark mit den Eiern und dem Rohrzucker vermischen, auf den Hefeteig streichen, dann die Kirschen oder Zwetschgen darauf verteilen und die Mandeln darüber streuen.

Bei 180°C Umluft ca. 30 Minuten backen.

FRÜHSTÜCK, DIE WICHTIGSTE MAHLZEIT DES TAGES

(zur Stärkung des Milz-Qi)

Kalt gegessen und auch im Sommer geeignet – z.B. mit frischen (kühlenden) Früchten wie Kiwi (kalt/süß und sauer), Melone (kalt/süß), Ananas (neutral/süß und sauer), Orange (kühl/süß und sauer).

SCHWÄBISCHES SCHWARZMUS

Tipp

Zutaten

Pro Person 1/2 Tasse Schwarzmusmehl (warm/süß),
1/2 Tasse Milch (neutral/süß),
1/2 Tasse Wasser

Zubereitung

Schwarzmusmehl in Butter anrösten, dann Milch und Wasser zugeben und ca. 20 Minuten kochen. Nach Bedarf mit Honig (neutral/süß) süßen. Im Sommer am besten mit frischen Früchten genießen, im Herbst mit Birnenkompott und ansonsten mit Apfelmus.

GEKOCHTER HAFERFLOCKENBREI MIT ÄPFELN UND NÜSSEN

Tipp

Zutaten

1 Tasse feine Haferflocken (warm/süß) pro Person,
1/2 Tasse Milch (neutral/süß) und 1/2 Tasse Wasser,
1 TL Honig (neutral/süß),
1 kleiner Apfel (kühl/süß und sauer)

Zubereitung

Haferflocken in einem Topf mit Wasser und Milch kochen. Dann mit Honig süßen, in einen Teller füllen und an den Rand nochmal etwas Milch gießen. Im Herbst und Spätsommer einen geriebenen Apfel mitkochen und je nach Jahreszeit im Frühjahr Pinienkerne, im Sommer Mandeln und im Herbst/Winter Walnüsse hinzugeben.

Im Sommer zusammen mit anderen erfrischenden Obstsorten wie Kiwi, Orangen oder Beeren jeder Art genießen.

GEKOCHTER MAISBREI Tipp

Zutaten

Pro Person 1/2 Tasse Maisgrieß (neutral/süß), 1 Tasse Wasser, 1 TL Sultaninen (warm/süß), 1 Prise Kardamom (warm/scharf und bitter), 1 Spritzer Apfelessig (warm/sauer und bitter), 1/2 TL Kakao (warm/ bitter und süß), 1 Msp. Fenchelpulver (warm/süß und scharf), 1 TL Honig (neutral/süß)

Zubereitung

3 EL feiner Maisgrieß in einer beschichteten Pfanne ohne Fett unter ständigem Rühren leicht rösten. Den angerösteten Maisgrieß in einen Topf geben, die Sultaninen und Kardamom beifügen und Wasser hinzugeben. Mit Apfelessig, Kakao und Fenchelpulver abrunden. Alles aufkochen und unter mehrmaligem Rühren 5 Minuten köcheln lassen. Den Brei etwas ziehen lassen und mit Honig abschmecken.
Dazu serviert man frische Früchte.

WEIZENTEE BEI UNRUHE Tipp

2 EL grob geschroteter Weizen (kühl/süß) wird in 1/2 l Wasser 30 Minuten gekocht und abgeseiht. (Der Weizen kann anderweitig verwendet werden).
Den Tee gibt man abends, bei Schlafschwierigkeiten zu trinken - evtl. mit etwas Honig (neutral/süß) gesüßt.
Dieser Tee hilft auch Kindern, die bei Fieber nicht zur Ruhe kommen.

KÜHLENDE FRÜCHTE BEI DER SOMMERGRIPPE Tipp

Bei Sommererkältungen mit Fieber

Wassermelonensaft (kalt/süß) mit Tomatensaft (kalt/ süß und sauer) vermischen - als tägliches Getränk zum Kühlen sowie bei Durst, Unruhe und zur Appetitsteigerung.
Frischer Ananassaft (neutral/süß und sauer): Gleiche Menge Saft und kaltes, abgekochtes Wasser vermischen.

herbst

DIE WANDLUNGSPHASE METALL

Die Wandlungsphase Metall repräsentiert den Herbst. In der Natur findet ein großer Verwandlungsprozess statt. Die Blätter an den Bäumen trocknen langsam ein und fallen schließlich ab.
Aus Sicht der chinesischen Medizin gehört der Klimafaktor Trockenheit zum Herbst. Wir beginnen nun mit der Heizperiode und spüren die Trockenheit der Luft in den Räumen. Diese reizt unsere Lunge und trocknet die Schleimhäute aus. Ein trockener Husten beginnt gehäuft um diese Jahreszeit und kann sogar in eine trockene Bronchitis münden.

Was die Wandlungsphase Metall betrifft, so sind ihr in der TCM die Organe Lunge, Dickdarm und Haut zugeordnet. In diesen drei Organen finden häufig Symptomverschiebungen statt. Ist das eine Organ behandelt und ruhig gestellt, so beginnt das nächste sich bemerkbar zu machen.

DIE FARBE WEISS

Metall hat eine silberne, weißlich schimmernde Farbe. Alle weißen Nahrungsmittel haben einen Bezug zu dieser Wandlungsphase. Gerade im Herbst ernten wir beispielsweise den weißen Rettich, der uns hilft in einem guten energetischen Gleichgewicht zu bleiben. Auch der Blumenkohl darf nun in der Küche nicht fehlen.

DIE HERBSTGETREIDE

Vom Getreide her kann aus Sicht der chinesischen Diätetik in dieser Jahreszeit mehr Reis als zu sonstigen Jahreszeiten gegessen werden, was allerdings kein heimisches Getreide ist.
Alle Getreidesorten, die beim Spätsommer angeführt sind, wie Hafer, Hirse und Mais kann man ebenfalls im Herbst einsetzen.

DER GESCHMACK UND DAS TEMPERATURVERHALTEN

Bei dem Wort Metall fällt uns spontan ein Messer mit einer scharfen Klinge ein. So können wir uns sofort den dazugehörigen Geschmack „scharf" gut merken.
Dem scharfen Geschmack wird eine bewegende Eigenschaft zugeschrieben, wodurch er Energiestagnationen auflösen kann. Aufgrund der kürzer werdenden Tage und dem schwindenden Sonnenlicht löst der Herbst bei vielen Menschen eine gewisse Traurigkeit aus. Der scharfe Geschmack kann helfen, diese trauernde Energie in Bewegung zu bringen, um nicht darin zu verharren.
Die Speisen des Herbstes sollen die beginnende klimatische Kälte kompensieren und deswegen vom Temperaturverhalten her wärmend sein.

ZWIEBELKUCHEN (siehe Rezept S. 95)

Traditionell gibt es in unserer Region zu dieser Zeit Zwiebelkuchen und dazu trinkt man den Neuen Wein. Aus Sicht der chinesischen Diätetik könnte es kein perfekteres Gericht im Herbst geben! Die Schärfe der Zwiebeln bewegt die Lungenenergie und stärkt somit die Abwehrkräfte. Der Neue Wein, der dazu traditionell getrunken wird, erzeugt mittels seines süßen Geschmacks Säfte im Körper und schützt so vor Austrocknung.
Statt Zwiebelkuchen kann man auch Lauchkuchen zubereiten.
Lauch und Zwiebeln, die jetzt geerntet werden, sind beide energetisch warme Gemüsesorten und haben die richtige Schärfe, die nun gefragt ist, um energetisch im Gleichgewicht und gesund zu bleiben.

BIRNENDICKSAFT (siehe Rezept S. 102)

Die Birne, die nun auch geerntet wird, befeuchtet ganz speziell die Bronchialschleimhaut und kann in Form von Birnenkompott prophylaktisch verzehrt werden, um einen trockenen Husten zu vermeiden. Wenn keine frischen Birnen vorhanden sind, kann man sich als Vorrat Birnendicksaft zubereiten. Von diesem können 1-2 TL in heißem Wasser aufgelöst und wie ein Tee getrunken werden. Der Dicksaft kann auch als Brotaufstrich oder im Frühstücksbrei als Süßungsmittel genossen werden.

DIE DISHARMONIEN

1.) LUNGEN-ENERGIE-MANGEL (LUNGEN-QI-MANGEL)

Wiederkehrende Atemwegserkrankungen wie Schnupfen, grippale Infekte, Bronchitiden oder Lungenentzündungen sind häufige Diagnosen bei diesem Lungen-Energie-Mangel.

Die Symptome

Beschwerden wie schwacher, chronischer Husten, der bei Anstrengung stärker wird, mit Neigung zum Schwitzen und zur Kurzatmigkeit bei geringfügigen körperlichen Anstrengungen sind typische Symptome dieser Mangelerscheinung.

Geeignete Ernährung

Weintrauben, auch in Form von Traubensaft, stützen die Lungen-Energie und befeuchten die Bronchialschleimhäute.
Walnüsse haben eine wärmende Energie und ebenfalls eine befeuchtende Funktion auf die Lunge.
Eine gute Milz-Energie ist die Voraussetzung für eine stabile und gesunde Lungen-Energie. Diätetisch bedeutet dies, dass man bei einer solchen Störung insbesondere die Ernährung der Milz-Energie (siehe Spätsommer) ins Auge fassen sollte.

Ungeeigente Ernährung

Bei dieser Disharmonie sollten Sie darauf achten, keine kalten Lebensmittel wie Bananen, Spargel, aber auch beispielsweise Orangen, Mandarinen oder grünen Tee zu sich zu nehmen. Auch Nikotingenuss schädigt das Lungen-Qi.

2.) LUNGEN-SÄFTE-MANGEL (LUNGEN-YIN-MANGEL)

Die westliche Medizin kennt für diese Disharmonien Diagnosen wie z.B. Bronchitis, Nasenbluten, Atembeschwerden, Kehlkopfentzündungen, Schnupfen und Nasennebenhöhlenentzündungen.

Die Symptome

Schwacher, trockener und chronischer Husten, aber auch leichte Halsschmerzen sind auftretende Symptome. Aber auch eine Neigung zu nachmittäglichem Fieber und eine Verschlimmerung am Abend können hier immer wieder auftreten.

Kraftlose Unruhe, heiße Handflächen und Fußsohlen sowie Hitzegefühl auf der Brust, auch Nachtschweiß, gerötete Wangenbereiche und Trockenheitsgefühl im Mund und Rachen sind weitere Begleiterscheinungen dieser Disharmonie.

Geeignete Ernährung

Feuchtigkeitsspendende Nahrungsmittel wie Birnen und Äpfel, aber auch Milch(-Produkte), Erdnüsse.

Ungeeignete Ernährung

Hier müssen heiße Gewürze und Lebensmittel unbedingt vermieden werden, wie beispielsweise Chili, Curry, Knoblauch, Peperoni, Pfeffer und Zimt.

CHRONISCHE ERKRANKUNGEN DER LUNGE

Chronische Schleimerkrankungen der Lunge beruhen in der Regel auf einer Überlastung der Milz-Energie und einer zu stark Schleim erzeugenden Ernährung, die z.B. durch zu viele Milchprodukte verursacht sein kann. Lungen-Schleim-Bildung kann in kalten und heißen Schleim unterteilt werden und je nachdem sollte die Ernährung differenziert werden. Kalter Schleim ist wässrig und weißlich, also z.B. die Nasenabsonderung bei einem Schnupfen während einer Erkältung. Dieser kalte Schleim kann sich jedoch durch einen Energiestau in heißen Schleim umwandeln, welcher von zäher Konsistenz und gelblicher Farbe ist.

Es versteht sich von selbst, dass ein kalter Schleim durch kalte Nahrungsmittel verstärkt werden kann und zum Ausgleich wärmende Nahrungsmittel zugeführt werden sollten, wie z.B. ein Ingwertee.

Umgekehrt gilt auch, dass bei heißem Schleim heiße Nahrungsmittel eine Verstärkung der Symptomatik bewirken können und deswegen eher kühlende Nahrungsmittel für den Ausgleich förderlich sind, wie z.B. eine Honigmilch.

CHINAKOHL-LAUCH-SUPPE MIT INGWER

Zutaten 1 Chinakohl (kühl/süß), 2 Lauchstangen (warm/scharf und süß), ca. 2-3 cm einer frischen Ingwerknolle (warm/scharf), 2-3 EL süße Sahne (neutral/süß), 1-2 TL Salz (kalt/salzig), 1 TL Pfeffer (heiß/scharf)

Zubereitung

Den Chinakohl zerkleinern, mit dem geschälten und fein geschnittenen Ingwer und den klein geschnittenen Lauchstangen weich kochen. Mit dem Pürierstab fein mixen, bis eine sämige Suppe entsteht. Dann mit Sahne, Salz und Pfeffer verfeinern.

Diese Suppe stärkt die Abwehrkraft des Körpers und schützt vor Erkältungen.

REISSUPPE MIT LAUCH

Zutaten 2 Stangen Lauch (warm/scharf und süß), 30 g Reis (neutral/süß), 1/2 l Wasser, 1/2 l Hühnerbrühe (warm/süß), 1 TL Salz (kalt/salzig), 1 TL Pfeffer (heiß/scharf).

Zubereitung

Die Lauchstangen schneiden und mit 30 g Reis in 1/2 l Wasser 25 Minuten kochen. Dann die Hühnerbrühe zufügen und mit Salz und Pfeffer würzen.

Lauch ist warm, hat einen scharfen Geschmack und eine schweißtreibende Eigenschaft.

Reis hat ein neutrales Temperaturverhalten, stärkt die Milz- und Magen-Energie und hat durch seine weiße Farbe einen Bezug zu Lunge/Dickdarm und der Haut, die der Wandlungsphase Metall angehören. Bei Erkältungen, die durch Nässe, Kälte und Wind verursacht wurden, ist dies ein schnell wirkendes Rezept, wenn es sofort bei den ersten Anzeichen gekocht und gegessen wird.

FLÄDLESUPPE

Zutaten

1 l Gemüsebrühe,
3-4 Pfannkuchen (neutral/süß), in feine Streifen geschnitten,
1 Bund Schnittlauch (warm/scharf),
Salz (kalt/salzig), Pfeffer (heiß/scharf)

Zubereitung Flädle

Teig aus 125 g Vollkorndinkelmehl (neutral bis leicht warm/süß), 1/4 l Milch (neutral/süß), 1 Ei (neutral/süß), 1/2 TL Salz mit einem Schneebesen zubereiten. In einer Pfanne 1-2 EL Sonnenblumenöl (kühl/süß) erhitzen und 1 Schöpflöffel vom Teig hineingeben, von beiden Seiten backen, dann heraus nehmen und abkühlen lassen.

Zubereitung Gemüsebrühe

In einem großen Topf 1 1/2 l Wasser mit 1 TL Salz, 1 TL Pfeffer, 2 geschälten und in Scheiben geschnittenen Kartoffeln (neutral/süß), 3-4 geschälten und in Scheiben geschnittenen Karotten (neutral/süß), 1 klein geschnittener Kohlrabi (neutral/süß und scharf) und 1 fein geschnittenen Zwiebel (warm/scharf und süß) ca. 30 Minuten kochen.

Die fein geschnittenen Flädle in die heiße Gemüsebrühe geben, den fein geschnittenen Schnittlauch dazugeben und servieren.

KÜRBISSUPPE

Zutaten

400 g Kürbis (warm/süß),
1 große Zwiebel (warm/scharf und süß),
1 EL Butter (neutral/süß),
1-2 TL Dinkelvollkornmehl
(neutral bis leicht warm/süß),
1 l Gemüsebrühe, 1/2 Bund Petersilie
(warm/scharf, bitter und salzig), Salz (kalt/salzig), weißer Pfeffer (heiß/scharf), frisch geriebene Muskatnuss (warm/scharf),
1/2 l süße Sahne (neutral/süß)

Zubereitung

Den Kürbis schälen, die Kerne entfernen und das Fruchtfleisch in kleine Würfel schneiden. Die Zwiebel schälen und klein hacken. Die Zwiebel in der Butter glasig dünsten. Das Kürbisfleisch dazugeben und unter ständigem Wenden so lange braten, bis es vollkommen vom Fett überzogen ist. Das Mehl darüber stäuben und kurz anschwitzen. Die Gemüsebrühe nach und nach einrühren und einmal aufkochen lassen. Die Temperatur zurück schalten und 15 Minuten köcheln lassen. Die Suppe einige Male kräftig durchrühren, damit sich das weiche Kürbisfleisch fein verteilt und die Suppe sämig wird. Mit den Gewürzen abschmecken, Sahne einrühren und mit Petersilie bestreuen.

ACKERSALAT (FELDSALAT)

Zutaten

300 g Ackersalat (neutral/bitter und süß),
2 EL Sonnenblumenöl (kühl/süß),
1 EL Balsamicoessig (warm/sauer und bitter), 1 Prise Salz (kalt/salzig),
1 Prise Pfeffer (heiß/scharf),
1 mittelgroße, fein geschnittene Zwiebel
(warm/scharf und süß)

Zubereitung

Den Ackersalat waschen, die Wurzel abschneiden und mit der Salatsoße mischen.

ZWIEBELSUPPE

Zutaten

6 mittelgroße Zwiebeln (warm/scharf und süß),
2 EL Olivenöl (kühl/süß),
1 TL getrockneter Thymian (warm/bitter und scharf),
2 Lorbeerblätter (warm/scharf),
$^{1}/_{2}$ TL frischer Rosmarin (warm/scharf und bitter)

Zubereitung

Die Zwiebeln in feine Streifen schneiden und in Olivenöl auf kleiner Flamme 30 Minuten mit Thymian, Lorbeerblättern und Rosmarin dünsten. Die Zwiebeln sollten ihre ganze Süße entfalten.

Mit 1 l Hühnerbrühe oder Wasser ablöschen nach Belieben mit 2 EL dunklem Miso (kühl/salzig) würzen, den man am besten in einem kleinen Gefäß mit etwas Suppe auflöst und dann wieder zugibt.

Anmerkung

Zwiebel wärmen insbesondere die Lunge. Zwiebelsuppe ist ausgezeichnet bei allen Nässe-Störungen der Lunge. Der Zusatz von Thymian und Rosmarin verleiht ihr Yang-stärkende Kraft und das Miso (fermentierte Sojabohnen/Reis-Paste) wirkt der Nässe entgegen und löst Stockungen im Darmtrakt auf.
Die Suppe hilft auch gegen Einwirkungen von Wind-Kälte und Wind-Nässe.

BLUMENKOHL-REIS-AUFLAUF

Zutaten

250 g Blumenkohl (neutral/süß),
50 g Reis (neutral/süß),
1/4 l Wasser, 10 g Dinkelmehl
(neutral bis leicht warm/süß),
1/8 l Gemüsebrühe,
etwas süße Sahne (neutral/süß),
1 Eigelb (neutral/süß),
1 TL gehackte Kräuter,
1 EL geriebener Hartkäse
(neutral/scharf, salzig und süß),
10 g Butter (neutral/süß),
15 g Semmelbrösel,
Meersalz (kalt/süß),
Muskat (warm/scharf),
Pfeffer (heiß/scharf),
mildes Currygewürz
(heiß-warm/bitter und scharf)

Zubereitung

Reis in kochendes Wasser einstreuen und bei geringer Hitze ausquellen lassen. Blumenkohl in Röschen teilen und in der Gemüsebrühe garen. Mehl in Butter anschwitzen, mit Blumenkohlwasser und einem Schuss Sahne auffüllen und aufkochen lassen. Eigelb unter die Soße rühren und mit Käse, Kräuter, Muskat, Curry und Pfeffer abschmecken. In eine gefettete Form die Hälfte des Reises geben, Blumenkohlröschen und Soße darüber geben und mit dem restlichen Reis abdecken.
Den Auflauf mit Fettflöckchen und Semmelbröseln bestreuen und ca. 20 Minuten bei starker Hitze (200°C) überbacken.

SAFRANREIS MIT WIRSING-NUSS-GEMÜSE

Zutaten

Pro Person 100 g Reis (neutral/süß), 1 kleiner Wirsingkopf (kühl/süß), 2-3 EL Sonnenblumenöl (kühl/süß), 100 g Walnüsse (warm/süß), 2-3 TL Currypulver (heiß-warm/bitter und scharf), 1 TL Salz (kalt/salzig), 1 TL Pfeffer (heiß/scharf), 1-2 Tassen Gemüsebrühe, einige Fäden Safran (neutral/scharf, süß und bitter)

Zubereitung

Für 2 Portionen: 3 Tassen Wasser in einem Topf kochen lassen, 1 TL Salz dazu geben, in einer Tasse den Safran mit kochendem Wasser überbrühen, die dabei entstandene rote Flüssigkeit zum Reis geben und bei niedriger Temperatur garen.

In einer großen Pfanne oder einem Wok den klein geschnittenen Wirsing im heißen Öl anbraten, dann die Walnüsse sowie die Gewürze zugeben und kräftig rühren. Kurz vor dem Servieren mit der Gemüsebrühe ablöschen und mit dem Reis servieren.

REISEINTOPF MIT PILZEN

Zutaten

200 g verschiedene frische Pilze (kühl/süß), 50 g Reis (neutral/süß), 1/2 l Gemüsebrühe, 20 g Butter (neutral/süß), 1 Zwiebel (warm/scharf und süß), Meersalz (kalt/salzig), Pfeffer (heiß/scharf), frischer, geriebener Meerrettich (warm/scharf)

Zubereitung

Die klein geschnittene Zwiebel und den Reis in zerlassener Butter rösten. Die geputzten, zerkleinerten Pilze und die Gemüsebrühe hinzufügen und den Eintopf auf kleiner Flamme durchkochen lassen, bis der Reis gar ist. Dann mit Salz, Pfeffer und etwas frisch geriebenem Meerrettich verfeinern.

LAUCH- ODER ZWIEBELKUCHEN VOM BLECH

Zutaten Hefeteig

500 g Vollkorndinkelmehl (neutral bis leicht warm/süß),
1 Hefewürfel,
2 EL Sonnenblumenöl (kühl/süß), 1 TL Salz (kalt/salzig),
1 Becher lauwarmes Wasser

Zutaten für den Belag

3-4 Stangen Lauch (warm/scharf und süß) oder 500 g Zwiebeln (warm/scharf und süß),
1 TL Salz (kalt/salzig),
1 TL Pfeffer (heiß/scharf),
200 g mageres, fein geschnittenes Rauchfleisch (heiß/salzig),
50-100 g geriebener Emmentaler (neutral/scharf, salzig und süß),
1 Becher Schmand (neutral/süß)

Zubereitung Hefeteig

Das Mehl mit dem Hefewürfel, Salz, Öl und dem Wasser zu einem Teig vermischen, abdecken und 2 Stunden gehen lassen. Dann unter Zugabe von ein wenig Mehl den Teig nochmals durchkneten, ausrollen und auf ein mit Backpapier ausgelegtes Kuchenblech legen.

Zubereitung Belag

Den Lauch oder die Zwiebeln in feine Scheiben schneiden, waschen und in einer Pfanne mit 2 EL Öl weich dünsten. Dann den Schmand und die Gewürze zugeben. Die Masse auf dem ausgerollten Hefeteig verteilen. Das Rauchfleisch darauf verteilen und am Schluss ein wenig vom Emmentaler Käse darüber verstreuen.
Bei 180°C im Backofen ca. 40 Minuten backen.

ROSENKOHL MIT MEERRETTICH

Zutaten

500 g Rosenkohl (warm/süß und bitter),
1-2 Möhren (neutral/süß),
1 Lauchstange (warm/scharf und süß),
2 EL Butter (neutral/süß),
3 EL Meerettichpaste (warm/scharf)
oder 1-2 EL frisch geriebener Meerrettich,
1 EL Obstessig (warm/sauer und bitter),
1 TL Dillspitzen (warm/scharf),
Salz (kalt/salzig),
Pfeffer (heiß/scharf),
1 Handvoll Walnüsse (warm/süß)
oder Erdnüsse (neutral/süß)

Zubereitung

Den Rosenkohl am Strunk kreuzweise einschneiden und mit der grob gehackten Möhre und Lauchstange zusammen im Dampf bissfest garen.
Während das Gemüse gart die Butter zerlassen und alle übrigen Zutaten bis auf die Nüsse ein paar Minuten darin wenden. Die Nüsse hacken und leicht rösten.
Das fertige Gemüse mit der Soße übergießen und mit den gerösteten Nüssen bestreuen.

Rosenkohl ist wie Lauch ein wärmendes Gemüse. Der Zusatz von scharfem Meerrettich und Obstessig sowie Dill verstärkt die Wärmebildung und bewegende Richtung noch. Dies ist ein sehr gutes Gericht bei Yang-Schwäche und Stauungen.

QUICHES MIT WÄRMENDEM GEMÜSE

Salziger Mürbteig- Zutaten

250 g Dinkelmehl
(neutral bis leicht warm/süß),
100 g kalte Butter (neutral/süß),
1 Ei (neutral/süß),
2-3 EL Wasser oder süße Sahne
(neutral/süß),
1TL Kräutersalz (kalt/salzig)

Zubereitung

Fenchel (warm/süß und scharf), Lauch (warm/scharf und süß) oder Zwiebeln (warm/scharf und süß) klein schneiden, dünsten und jeweils mit Ei (neutral/süß), süßer Sahne (neutral/süß), Pfeffer (heiß/scharf) und Kräutersalz (kalt/salzig), mischen.
Den Teig ausrollen, und portionsweise in kleine, gebutterte Förmchen legen und etwas andrücken. Bei 180°C 10 Minuten vorbacken, dann Gemüse hinein füllen und nochmals bei 180°C kurz knusprig backen.

MUTTER'S SCHWÄBISCHE APFELKÜCHLEIN

Zutaten

2 mittelgroße Äpfel (kühl/süß und sauer)
(10 Scheiben),
2 TL Vanillezucker (warm/süß),
2 Eier (neutral/süß),
250 g Dinkelmehl
(neutral bis leicht warm/süß),
20 g zerlassene Butter (neutral/süß),
30-50 g Sonnenblumenöl (kühl/süß)
zum backen

Zubereitung

Die Äpfel schälen und das Kerngehäuse der Äpfel ausstechen. Die Äpfel dann in Scheiben schneiden.

Für den Teig

Eier, Mehl, Vanillezucker und zerlassene Butter mit dem Schneebesen zu einem Teig schlagen. Die Apfelscheiben darin eintauchen und in heißem Öl ausbacken.

ROGGENMEHL-PFIRSICHOBSTKUCHEN

Zutaten

4 Eier (neutral/süß)
(1 eischwer = 1 Ei wiegen und das Gewicht als Mengenangabe für die weiteren Zutaten nehmen),
4 eischwer Rohrzucker (warm/süß) oder Gerstenmalz (warm/süß),
4 eischwer Butter (neutral/süß)
schaumig rühren,
1 P. Weinsteinpulver,
1 Prise Nelke (warm/scharf),
1 Prise Salz (kalt/salzig),
Saft einer Zitrone (kühl/sauer),
6-8 frische Pfirsiche (warm/süß und sauer),
so viel Roggenmehl, dass ein fester Teig entsteht (neutral bis leicht warm, süß und bitter),
Mandelblättchen
(neutral/süß und bitter)

Zubereitung

Eier, Zucker und Butter schaumig rühren, Weinsteinpulver, Nelke, Salz und Zitronensaft zugeben. Rühren bis eine schaumige Masse entsteht. Roggenmehl gut hinein kneten. Den Teig auf einem mit Backfolie belegtes Kuchenblech verteilen, die Pfirsiche in Scheiben schneiden und darauf verteilen. Anschließend die Mandelblättchen darauf streuen und bei 180°C ca. 30 Minuten backen.

Dieser Kuchen ist sehr rasch zuzubereiten. Man kann ihn natürlich auch mit Äpfeln, Birnen oder Kirschen backen.

BIRNENKOMPOTT

Zutaten 200 g Birnen (kühl/süß und sauer),
15 g Honig (neutral/süß),
einige EL Wasser,
Zimt (heiß/süß und scharf) und frischer Ingwer (warm/scharf),
etwas geriebene Zitronenschale (warm/ bitter und scharf)

Zubereitung

Birnen schälen, in kleine Stücke schneiden und in Wasser mit Gewürzen nach Wahl weich dünsten. Je nach Birnensorte ist eine längere oder kürzere Kochzeit notwendig.

Das Kompott mit Honig süßen und kalt oder warm servieren.

TIPP: Dieses Kompott eignet sich ausgezeichnet bei einem trockenen Husten. Dann sollte allerdings der Ingweranteil reduziert und 1-2 Spritzer Zitronensaft (kühl/sauer) hinzugefügt werden.

ZWETSCHGENPFANNKUCHEN

Zutaten Pfannkuchenteig zubereiten
(Rezept siehe Flädlesuppe S. 90)

Zubereitung

Pro Pfannkuchen 3 mittelgroße Zwetschgen (neutral/ süß und sauer) waschen und klein schneiden, zum Teig geben und mitbacken.

VATER'S ANISBROT

(nicht geeignet für Patienten mit Cholesterinerhöhung!)

Zutaten

6 Eiweiß (neutral/süß),
6 Eigelb (neutral/süß),
4 eischwer Rohrzucker (warm/süß),
1 eischwer = 1 Ei wiegen und das Gewicht als Mengenangabe für die weiteren Zutaten nehmen,
1 TL Anis (warm/süß und scharf),
4 eischwer Dinkelmehl (neutral bis leicht warm/süß)

Zubereitung

Eiweiß steif schlagen und über dem dampfenden Topf mit Eigelb und Zucker schaumig rühren. Nach Erkalten Anis und Mehl darunter heben. Den Teig in eine gebutterte Kastenform füllen und ihn 40-50 Minuten bei 180 °C backen. Nach dem Erkalten das Gebäck in 1 cm dicke Scheiben schneiden und diese bei 200°C gelb rösten.

Anisbrot gab es zu früheren Zeiten im Herbst in den Bäckereien zu kaufen. Die Wärme des Anis und seine Schärfe wirken der beginnenden Kälte entgegen. Die Trockenheit in den Räumen kann durch die befeuchtende Wirkung der Eier auf die Lunge ausgeglichen werden. Es eignet sich als Gebäck zu einer gemütlichen Teestunde im Herbst.

VERSCHIEDENE REZEPTE BEI INFEKTEN UND HUSTEN

INGWERTEE MIT HONIG ZUR ERKÄLTUNGSPROPHYLAXE

Tipp

Ein Stück frische Ingwerwurzel (warm/scharf) in Scheiben schneiden und mit Wasser ca. 15 Minuten auskochen.

Je nach Verhältnis Ingwer zu Wasser wird der Tee schärfer, kann aber jederzeit mit abgekochtem Wasser verdünnt werden.
Sofort bei Frösteln nach Spaziergängen in der Kälte/ im Wind heiß trinken.

INGWERÖL ZUM EINREIBEN

Tipp

Eine Alternative für alle, die keinen Ingwer mögen:
Frisch gepresster Ingwersaft mit Walnussöl (warm/süß) vermischen und einige Tropfen auf den Fußsohlen und Handflächen einmassieren.
Auch ein heißes Fußbad mit Ingwerstückchen ist sehr effektiv, um Wind-Kälte–Erkrankungen auszuleiten.

ERDNUSS- UND MANDELMUS BEI TROCKENEM HUSTEN

Tipp

50 g Erdnüsse und 50 g süße Mandeln zusammen in einem Mörser zerstoßen bis eine Art Mus entsteht. 3-4 EL Honig zugeben und vermischen. Man kann täglich 1-2 TL davon pur einnehmen oder in heißem Wasser bzw. heißer Milch auflösen.
Die Kombination von Erdnüssen, Mandeln und Honig verstärkt die befeuchtende Wirkung auf den Lungenmeridian.

SÜSSER RETTICH GEGEN CHRONISCHEN HUSTEN

Tipp

Ist bei eher gefärbtem, zähem Schleim geeignet.
200 g frischer weißer Rettich (kühl/süß und scharf) mit Kandiszucker (Menge nach Belieben) süßen.
Den Rettich waschen, abtrocknen und in dünne Scheiben schneiden. Mit dem Kandiszucker zusammen in eine Schale geben und im Wasserbad dämpfen bis der Rettich weich ist und warm essen.
Dies ist ein altbewährtes Rezept gegen hartnäckigen Husten mit gelblichem Auswurf. Bitte suchen Sie dennoch einen Arzt auf.

BIRNENDICKSAFT/-SIRUP

Tipp

Zutaten
2 kg Birnen,
500 g Honig

Zubereitung
Birnen in Stücke schneiden und auspressen (Saft lässt sich auch durch Kochen gewinnen) - auf kleiner Flamme so lange kochen bis der Saft dickflüssig wird.
Bei geringer Hitze Honig unterrühren und dann erkalten lassen, anschließend in Schraubgläser füllen. 1-2 EL in einem Becher mit heißem Wasser aufgelöst einnehmen (hilft bei Halsschmerzen, trockener Kehle, Stimmverlust und trockener Bronchitis).

BIRNENMARMELADE MIT RUM UND VANILLESTANGEN

Tipp

(nicht für Kinder geeignet)

Zutaten
2 kg weiche Birnen (kühl/süß und sauer),
3 zerteilte Vanillestangen (warm/süß),
1 1/2 kg Rohrzucker (warm/süß),
3 EL Rum (heiß)

Zubereitung

Die Birnen schälen, in kleine Stücke schneiden, mit dem Rohrzucker und den Vanillestangen vermischen und langsam aufkochen. Ca. 1/2 Stunde köcheln lassen und immer wieder rühren. Am Schluss den Rum zugeben. In heiße ausgewaschene, verschließbare Marmeladengläser füllen, den Deckel festschrauben, dann mit dem Deckel nach unten aufstellen und abkühlen lassen. Die Vanillestangen bleiben bis zum Verzehr in der Marmelade.
Die kühlende Energie der Birnen wird durch die restlichen warmen Zutaten ausgeglichen.
Diese Marmelade eignet sich als kleines Geschenk oder Mitbringsel zur Advents- und Weihnachtszeit.

MEERRETTICH- ODER RETTICHBROTAUFSTRICH

Tipp

Zutaten
1 Stück weißer Rettich (kühl/süß und scharf) oder Meerrettich (warm/scharf), 35 g Butter (neutral/süß), Meersalz (kalt/salzig), 1 Stück Apfel (kühl/süß und sauer), 1 kleine Zwiebel (warm/scharf und süß), gehackte Petersilie (warm/scharf, bitter und salzig)

Zubereitung

Butter schaumig rühren, mit geriebener Zwiebel, (Meer) Rettich sowie geriebenem Apfel, gehackter Petersilie vermischen und mit Salz würzen. Am besten kauft man eine ganze Meerrettichwurzel, beginnt sie vom Strunk aus zu reiben und legt sie dann mit etwas Frischhaltefolie über der Anschnittstelle in das Gemüsefach. So bleibt sie lange frisch.
Meerrettich gilt als Ingwer der westlichen Welt, ist nicht ganz so heiß wie Ingwer, geschmacklich von Schärfe geprägt und enthält viel Vitamin C. Ein idealer Begleiter durch den Herbst!

winter

DIE WANDLUNGSPHASE WASSER

Der Winter wird der Wandlungsphase Wasser zugeordnet. Alles scheint zu dieser Jahreszeit langsam zum Stillstand zu kommen. Die Menschen ziehen sich zurück in die Häuser, die Pflanzen haben sich bereits in Form von Samen in die Erde zurückgezogen. In der Natur breitet sich Ruhe aus. Die „stille Nacht" naht und die Dunkelheit verführt zum Rückzug, zum Ausruhen und Kräfte sammeln. In den Samen unter den Schneedecken steckt eine beharrliche und starke Willenskraft dieser Kälte zu trotzen, um im Frühjahr wieder Leben, eine neue Pflanze, hervorbringen zu können. Über Ausdauer und Reserven zu verfügen, das sind Stärken, die im Winter entstehen können und in dieser Jahreszeit aus Sicht der TCM am besten auch in uns Menschen genährt werden können. Menschen, die viel Kraft im unteren Erwärmer haben, haben meistens auch einen klaren und starken Willen. In unserer erschöpfenden Welt, wo wir doch so leicht durch vielfältigste Angebote irritierbar und vom eigenen Weg ablenkbar sind, gilt es die Wasserenergie (den unteren Erwärmer) besonders zu nähren und zu schützen.

DIE FARBEN SCHWARZ/DUNKELBLAU

Schwarz oder dunkelblau sind die zugehörigen Farben des Winters, also alle Lebensmittel, die von Natur aus eine schwarze oder dunkelblaue Farbe aufweisen. Die Schwarzwurzel oder auch der schwarze Rettich sollten jetzt in der Küche ihren Einsatz finden. Ebenso ist die für die Schwäbische Alb typische Wacholderbeere wegen ihrem warmen Temperaturverhalten und dem bitteren Geschmack für die winterliche Küche sehr geeignet.

DIE WINTERGETREIDE

Vollwertgetreide und alle Hülsenfrüchte sind besonders gute Energielieferanten im Winter und somit auch für die Nieren-Energie, daher passen die traditionellen schwäbischen Linsen mit Spätzle perfekt in die kalte Jahreszeit.

DER GESCHMACK UND DAS TEMPERATURVERHALTEN

Die Nahrungsmittel sollten im Winter in erster Linie wärmend, an besonders kalten Tagen auch heiß sein.

SÜDFRÜCHTE IM WINTER?!

Der Winter bringt klimatisch Kälte mit sich und diese dringt leicht in den Körper ein. Wir frieren leichter, er-„kälten“ uns leichter als zu jeder anderen Jahreszeit. In den Räumen heizen wir, machen Feuer, wirken der äußeren Kälte automatisch entgegen. Doch was ist mit unserer Ernährung?
Heutzutage werden zu keiner anderen Jahreszeit so viele Orangen, Mandarinen und Südfrüchte gekauft wie im Winter. Sie bringen jedoch alles andere als energetische Wärme in unseren Organismus. Sie sind alle energetisch kühl und kalt, wodurch sie den Körper im Winter noch weiter auskühlen.
Im Westen kennen wir als Argument für den Verzehr dieser Lebensmittel nahezu ausschließlich den Vitamin-Aspekt.
Doch uns selbst stehen im Winter so viele vitaminreiche und dazu noch energetisch warme Lebensmittel zur Verfügung, die ebenfalls die Kälte ausgleichen können, wie beispielsweise Samen und Nüsse, Hülsenfrüchte, Lammfleisch, Rindfleisch, Kohlgemüse und Gewürze wie Kümmel oder Backzutaten wie Walnüsse.

Wie wir bereits wissen, können wir über verschiedene Kochmethoden etwas mehr Energie in die Gerichte bringen. Hier ein Überblick über die am besten geeigneten Kochmethoden im Winter:

BACKEN UND ÜBERBACKEN:

Durch diese Zubereitung wird der Nahrung und damit dem Körper sanfte Energie zugeführt. Mit dieser Methode kann besonders bei erfrischenden oder abkühlenden Speisen (z.B. Tomaten) die abkühlende Wirkung gemindert werden.

BRATEN UND RÖSTEN:

Durch scharfes Anbraten und Rösten wird der Nahrung wärmende Energie zugeführt.
Eine gute Variante dieser Zubereitungsform zeigt die chinesische Küche in Form des Wok (oder eine Pfanne), wobei wenig bis gar kein Öl zugegeben wird (durch Verwendung von zu viel Öl können Organe wie Leber und Gallenblase belastet werden).
Die Nahrungsmittel kommen kurze Zeit mit extremer Hitze in Kontakt und erhalten somit außen eine knusprige Umhüllung und bleiben von innen saftig und frisch.

KOCHEN:

Kurzes Kochen führt der Nahrung nur wenig Energie zu.
Ausschlaggebend für den wärmenden Effekt beim Kochvorgang sind die Zeitdauer und die zugeführte Hitze (bis zu 36 Stunden bei einer „Meistersuppe").
Lang gekochte Eintöpfe mit wärmenden Fleischsorten liefern für den Winter eine ausgezeichnete wärmende Energiegrundlage bei den kühlen Witterungsbedingungen.

KOCHEN MIT ALKOHOL:

Neben der geschmacklichen Bereicherung der Nahrungsmittel hat Alkohol einen wärmenden Effekt auf die Speisen. Er löst Stagnationen, fördert die Blut- und Energie-Zirkulation und zerstreut Kälte. Kochen mit Alkohol wärmt den mittleren und oberen Erwärmer, er hat eine aufsteigende Wirkung.
Bei seelischen Belastungen (hier sinkt die Energie nach unten) wie Niedergeschlagenheit, Trauer und Resignation vermögen mit Alkohol gekochte Speisen die Lebensenergie wieder zu steigern. Er wärmt den Körper und durch die Bewegung der Lebensenergie werden Verspannungen und seelische Blockaden gelöst.

VORSICHT!

Natürlich ist das Verwenden von Alkohol keine Methode für die tägliche Küche und sollte die Ausnahme bleiben.

RÄUCHERN:

Auch hierdurch wird der Nahrung vermehrt Energie zugeführt.
Geräucherter Fisch (beispielsweise traditionell die schwäbische wacholdergeräucherte Forelle) empfiehlt sich besonders in den Wintermonaten als Nieren-Energie-Tonikum!

WÜRZEN:

Warme oder heiße Gewürze benutzen wir aus Erfahrung traditionell in der Küche der Wintermonate. Es werden jetzt intuitiv beispielsweise wärmende Zimtsterne gebacken und keine kühlenden Mangomilchshakes gemixt.
Durch Lorbeer, Kümmel, Nelken oder Wacholderbeeren werden viele Gemüsesorten wie Rotkohl, Weißkohl oder Sauerkraut für den Verdauungstrakt und Organismus in eine leichter verdauliche Stufe transformiert, wozu auch lange Kochzeiten beitragen.
Sehr wärmend sind u.a. Knoblauch, Zwiebel und Pfeffer.
Generell sollten die Speisen in den kalten Monaten stärker gewürzt werden als im Sommer, um einem Energiedefizit vorzubeugen.

DIE DISHARMONIEN

Der Winter gehört, wie schon erläutert, zur Wandlungsphase Wasser und diese hat eine weitreichende Bedeutung in der chinesischen Medizin. Niere und Blase sind ihr als Organe zugeordnet. Emotional spielt die Angst eine Rolle. Auch in unserer Kultur gibt es Sprichwörter wie: „Sich vor Angst in die Hosen machen", das den Zusammenhang zwischen den Organen Niere und Blase und der Emotion ausdrückt.

Niere und Blase werden in der TCM als Wurzel von Yin (alle Substanzen wie Blut, Knochen, Flüssigkeiten) und Yang (alle energetischen Vorgänge wie Aktivität, Organfunktionen, Gedanken, Emotionen etc.) angesehen.
Menschen mit einer gesunden, vitalen Nieren-Energie sind aktiv und trotzdem ruhig, mutig und gütig und sie vollbringen viel, ohne sich dabei gestresst zu fühlen.
Allgemeine Symptome eines Nierenungleichgewichts sind beispielsweise Knochen-, Gelenks- und Zahnprobleme, Schwerhörigkeit, frühzeitiges Ergrauen des Kopfhaares, Erkrankungen des Urogenitaltraktes, vorzeitiges Altern, übermäßige Ängste und Unsicherheit sowie bei Kindern und Jugendlichen geistige und körperliche Wachstums- und Entwicklungsstörungen.

Da die Nieren-Energie laut TCM der Ursprung allen Lebens ist, wird sie durch Nahrungsmittel gestärkt, die die gesamte genetische Information (DNA) dieses Lebensmittels enthalten, also alle Samen, Nüsse, Hülsenfrüchte und Getreidekörner aus denen eine Pflanze entstehen kann.

1.) LEICHTER NIEREN–ENERGIE–MANGEL OHNE KÄLTE-SYMPTOME (NIEREN-QI-MANGEL)

Diagnosen wie Harninkontinzenz, niederer Blutdruck,Osteoporose, Prostatitis, Ausfluss, Lebensmittelallergien, depressive Verstimmungen oder Angstzustände sind bei dieser Mangelerscheinung sehr häufig.

Die Symptome

Die Hauptbeschwerden betreffen den unteren Erwärmer (Bereich der Lendenwirbelsäule), Kältegefühl im Urogenitalbereich und Unterbauch, schwache Knie, häufiges Wasserlassen bzw. Nachtröpfeln, ungeformter Stuhl und Energielosigkeit, Ängste, Schwäche und Schmerzen in der Lendenwirbelsäule.

Geeignete Ernährung

Eine lang gekochte Rindersuppe mit Lauch, Karotten und wärmenden Gewürzen.
Mit heißem Wasser überbrühte Haferflocken mit Apfelmus.

Ungeeignete Ernährung

Bittere Nahrungsmittel wie Schwarztee und Kaffee, aber auch zu viel Süßes sind ungeeignet. Da es sich bei diesem Syndrom um eine Abkühlung der Nieren-Energie handelt, sollten Rohkost, Tiefkühlkost und abkühlende Kräutertees wie Löwenzahn, Pfefferminze und Melisse ebenfalls gemieden werden.

2.) STARKER NIEREN-ENERGIE-MANGEL MIT KÄLTESYMPTOMEN(NIEREN-YANG–MANGEL)

Beispielsweise chronische Harnwegsinfekte, Nierenentzündung, Prostatitis, sexuelle Störungen, Hexenschuss, degenerative Gelenkerkrankungen und Schwerhörigkeit zählen zu den Diagnosen in der westlichen Medizin bei dieser Disharmonie.

Die Symptome

U.a. kalte Extremitäten, Aversion gegen Kälte, Libidomangel, Rückenschmerzen mit Verschlimmerung im Liegen, weißlicher Ausfluss, schwache Knie und schwacher unterer Rücken, Durchfall oder sehr breiiger Stuhl, nächtliches Wasserlassen und häufiges Wasserlassen mit viel und klarem Urin sind typische Symptome dieser Disharmonie. Hinzukommen können Bandscheibenvorfälle oder Knochenbrüche, Sterilität, Schwerhörigkeit (besonders im Alter), Wassereinlagerungen in der unteren Körperhälfte, Asthma, Mangel an Willenskraft und Orientierung sowie Depressivität.

Geeignete Ernährung

Wärmende Fleisch und Fischsorten wie Lamm, Wild und Karpfen, Aal, Forelle, Lachs, Hummer und Miesmuscheln.
Auch Nelken, Ingwer, Fenchel, Kümmel, Thymian und schwarzer Pfeffer sind geeignete Nahrungsmittel ebenso wie Zwiebeln, Karotten, Bohnen und Hafer.
Es sollte mindestens 4 Monate lang 3x täglich warm gegessen werden.

Ungeeignete Ernährung

Alle Speisen, die den Körper auskühlen oder verschleimen, wie Rohkost, Obstsäfte, Zitrusfrüchte, Milchprodukte (außer Butter), Zucker, Süßigkeiten, Kaffee, grüner und schwarzer Tee, Früchtetees, Tiefkühlkost sowie alle denaturierten Nahrungsmittel.

SCHWARZE BOHNENSUPPE MIT SELLERIE

Zutaten

250 g getrocknete schwarze Bohnen (neutral/süß),
3 Sellerieknollen (kühl/süß und scharf),
1 Zwiebel (warm/scharf und süß),
1 Möhre (neutral/süß),
1 l Wasser,
2 TL frisch gehackter Salbei (warm/bitter und scharf),
Schale von 1 großen Orange (warm/bitter und scharf),
Saft von 1 Zitrone (kühl/sauer),
Petersilie (warm/scharf, bitter und salzig) zum Garnieren

Zubereitung

Die Bohnen über Nacht einweichen, dann das Einweichwasser weggießen und die Bohnen abspülen. Knapp mit Wasser bedeckt weich kochen. Das Gemüse klein schneiden und getrennt von den Bohnen in Wasser bissfest garen.
Dann die Bohnen mit dem verbliebenen Kochsud, die Orangenschale und den Salbei hinzufügen. Alle Zutaten zusammen weitere 10 Minuten kochen. Die Bohnen müssen vollkommen gar sein und nahezu aufplatzen. Mit reichlich Zitronensaft abschmecken und mit Petersilie bestreut zu Tisch bringen.

Schwarze Bohnen sind ein sehr gutes Nierentonikum. Sie haben durch ihre Farbe einen starken Bezug zur Wandlungsphase Wasser und stärken die Energie des unteren und mittleren Erwärmers und tragen außerdem noch zur Blutbildung bei.

LINSENSUPPE MIT KARTOFFELN, KAROTTEN UND SPECK

Zutaten

200 g Linsen (neutral/süß) (über Nacht einweichen),
Salz (kalt/salzig),
Pfeffer (heiß/scharf),
Liebstöckel (warm/scharf und bitter),
3-4 mittelgroße Kartoffeln (neutral/süß),
2-3 Karotten (neutral/süß),
50 g klein gewürfelter Schinkenspeck (heiß/salzig),
$^1/_2$ - 1 l Gemüsebrühe

Zubereitung

Die gewaschenen, eingeweichten Linsen abgießen und mit Gemüsebrühe weich dünsten. Kartoffeln und Karotten extra weich kochen. Mit den Gewürzen abschmecken, die Kartoffeln und Karotten in kleine Würfel schneiden und zugeben, ebenso den Speck.

Eine kräftigende Mahlzeit, die sich auch für den Abend eignet. Linsen haben wie alle Hülsenfrüchte einen starken Bezug zur Wandlungsphase Wasser und bringen Energie in den unteren Erwärmer. Sie werden traditionell in unserer Region eher im Winter gegessen. Außerdem haben sie eine Blut bildende Wirkung.

RINDERKRAFTBRÜHE MIT WÄRMENDEN GEMÜSESORTEN

Zutaten

250 g Rinderknochen (Knochen gehören zur Wandlungsphase Wasser und stärken diese), 250-500 g Rindfleisch vom Bug (warm/süß), 1 Möhre (neutral/süß),
1 Stange Lauch (warm/scharf und süß),
1/2 Sellerieknolle (kühl/süß und scharf),
1 Zwiebel (warm/scharf und süß), Petersilie (warm/scharf, bitter und salzig),
Salz (kalt/salzig), Pfeffer (heiß/scharf),
1 EL Butter (neutral/süß), 2-3 l Wasser

Zubereitung

Die gewaschenen Knochen und das zerkleinerte Suppengemüse werden in Butter durchgedünstet, mit Wasser abgelöscht, gesalzen und 2–3 Stunden durchgekocht. Nach 1/2 Stunde gibt man das Rindfleisch in die kochende Brühe. Vor dem Anrichten entnimmt man die Knochen und schneidet das Rindfleisch in kleine Stücke, die man dann wieder in die Brühe gibt.

KÜRBISSCHEIBEN AUS DEM BACKOFEN

Zutaten

1 Hokkaidokürbis (warm/süß),
Salz (kalt/salzig),
Pfeffer (heiß/scharf), getrockneter Thymian (warm/bitter und scharf) und Rosmarin (warm/scharf und bitter),
4-5 EL Sonnenblumenöl (kühl/süß)

Zubereitung

Den Kürbis waschen, zerteilen, aushöhlen und dann in Scheiben schneiden. Die Stücke auf ein Backblech (gefettet oder mit Backpapier ausgelegt) legen. Dann das Öl darüber gießen und mit den Händen die Stücke gut einreiben.
Dann die Gewürze darüber streuen und im vorgeheizten Backofen bei 180°C ca. 30 Minuten backen.

Das ist eine einfache, wohlschmeckende und wärmende Vorspeise oder Abendmahlzeit für den Herbst und Winter!

LACHSAUFLAUF MIT SCHWARZEM SESAM

Zutaten

1 kg Kartoffeln (neutral/süß),
2 große Zwiebeln (warm/scharf und süß),
500 g Lachs (warm/süß und salzig),
4 TL Dillspitzen (warm/scharf),
5 EL schwarzer Sesam (neutral/süß) (möglichst in einer Pfanne ohne Fett rösten),
Salz (kalt/salzig),
Pfeffer (heiß/scharf),
2 Gläser Weißwein (kühl/sauer und süß),
50 g Butter (neutral/süß),
1 Becher Schmand (neutral/süß)

Zubereitung

Die Kartoffeln zu 3/4 gar kochen. Unterdessen die Zwiebeln in Ringe schneiden und in etwas Butter 10 Minuten anschwitzen bis sie weich werden.

Den Lachs in 2-3 cm große Stücke schneiden. Alle Zutaten schichtweise in eine gefettete feuerfeste Form einfüllen: zuerst die halbe Menge Zwiebeln, dann die Hälfte der Kartoffeln, 1/2 Becher Schmand verteilen. Als nächstes den Lachs, wieder Zwiebeln und dann Kartoffeln, darüber den restlichen 1/2 Becher Schmand verteilen. Jede Lage mit Salz, Dill und schwarzem Sesam bestreuen.

Den Auflauf im Backofen bei 180-190°C ca. 30 Minuten backen.

WIRSING MIT ESSKASTANIENPÜREE UND WALNÜSSEN

Zutaten

2 Knoblauchzehen (heiß/scharf),
Saft von 1 1/2 Zitronen (kühl/sauer),
1/4 TL Ingwerpulver (heiß/scharf),
400 g Esskastanienpüree (warm/süß),
150 ml Olivenöl (kühl/süß),
Salz (kalt/salzig),
Pfeffer (heiß/scharf),
1 Wirsing (kühl/süß),
1 Zwiebel (warm/scharf),
1 TL Kümmel
(warm/süß und scharf),
200 g Walnusskerne (warm/süß)

Zubereitung

Für die Soße den Zitronensaft mit dem zerdrückten Ingwer unter das Esskastanienpüree mengen. Nach und nach Olivenöl darunter heben. Die Masse vorsichtig erwärmen, aber nicht kochen. Sie sollte von der Konsistenz her wie Mayonnaise sein.

Den Kohl in feine Streifen und die Zwiebel in Ringe schneiden. Mit Kümmel bestreut 5-10 Minuten in einer Pfanne dämpfen.
Die Walnüsse gesondert leicht anrösten.
Den fertigen Kohl in eine Schüssel geben, mit der Soße begießen und mit gerösteten Walnüssen bestreuen.
Als Beilage eignet sich Reis oder Hirse.
Mit dem Weißwein übergießen, mit Butterflöckchen belegen und mit frisch gemahlenem schwarzem Pfeffer bestreuen. Im Backofen bei 200°C 25-30 Minuten backen.

Walnüsse haben eine starke energetische Wirkung auf den unteren Erwärmer und sind als Winternahrung sehr gut geeignet. Gönnen Sie sich ruhig ab und zu auch heiße Maroni auf den Weihnachtsmärkten.

SPÄTZLE MIT WEISS- ODER SPITZKOHL UND SPECK

Zutaten 1 kleiner Weißkohl (neutral/süß) oder Spitzkohl, 500 g Spätzle (selbst gemacht oder gute vorgefertigte), Speckwürfel (heiß/salzig), Salz (kalt/salzig), Pfeffer (heiß/scharf), Paprikapulver (warm/süß, scharf und bitter) Walnussöl (warm/süß), 1 kleine Zwiebel (warm/scharf und süß), Sojasoße (kalt/salzig) bei Bedarf

Zubereitung

Den Weiß- oder Spitzkohl grob schneiden, waschen und dann in einer Pfanne in Walnussöl die klein geschnittene Zwiebel anbraten, den Speck zugeben und dann den Weiß- oder Spitzkohl; gut dämpfen bis er weich ist. Mit den Gewürzen abschmecken, evtl. noch etwas Sojasoße zugeben. Dann die gekochten fertigen Spätzle zugeben und untermengen.

Dieses Rezept kann man auch mit vorher gekochtem Reis zubereiten.

HAFERFLOCKENBRATLINGE MIT HAGEBUTTENMUS

Zutaten 50 g Haferflocken (warm/süß),
100 g Hagebuttenmus,
1 Zwiebel (warm/scharf und süß),
1 Ei (neutral/süß),
25 g Sonnenblumenöl
(kühl/süß) zum Braten,
Salz (kalt/salzig),
Pfeffer (heiß/scharf),
1/2 TL Paprika (warm/süß, scharf und bitter)

Zubereitung

Über den Tag die Haferflocken mit dem Hagebuttenmus übergossen stehen lassen. Dann Ei, geriebene Zwiebel und Gewürze dazugeben und zu einem dicken Teig mischen.

Öl in einer Pfanne erhitzen und mit einem Löffel kleine Häufchen in die Pfanne setzen, breitdrücken und von beiden Seiten knusprig braten. Dazu gekochtes Gemüse der Saison oder gedünstete Pilze reichen.

KICHERERBSENFRIKADELLEN MIT ROTKRAUT

Zutaten

1/2 Kopf Rotkraut (neutral/süß),
1 Zwiebel (warm/scharf und süß),
3 EL Sonnenblumenöl (kühl/süß)
250 g Kichererbsen (kühl/süß und salzig) (über Nacht einweichen),
ca. 1/2 l Gemüsebrühe,
150 g Quark (kühl/süß und sauer),
2 Eier (neutral/süß),
Salz (kalt/salzig),
Pfeffer (heiß/scharf),
Paprikapulver (warm/süß, scharf und bitter),
Kichererbsenmehl (ca. 300 g),
Sonnenblumenöl zum Braten

Zubereitung Rotkraut

Das Rotkraut fein schneiden, waschen und in einer Pfanne die fein geschnittene Zwiebel andünsten, dann das Blaukraut zugeben, ab und zu wenden. Mit Salz und Pfeffer würzen. Ca. 1 Stunde auf kleiner Flamme vor sich hin köcheln lassen, immer wieder wenden und ggf. etwas Gemüsebrühe nachgießen.

Zubereitung Kirchererbsenfrikadellen

Kichererbsen abgießen und mit einem Pürierstab fein zermahlen. Dann zu diesem Mus den Quark und die Eier zugeben und würzen. So viel Kichererbsenmehl in den Teig einarbeiten, damit sich leicht Frikadellen formen lassen (von Hand oder einfach mit einem Löffel). In einer Pfanne Öl erhitzen und die Frikadellen von beiden Seiten anbraten.

ROSTBRATEN MIT SPÄTZLE

Spätzle Grundrezept

250 g feines Dinkelmehl (neutral bis leicht warm), 2 Eier (neutral/süß), etwas Salz (kalt/salzig) und soviel Wasser, dass eine feste, breiige Masse entsteht. Mit einem Holzkochlöffel verrühren und leicht schlagen bis sich Blasen bilden. Diesen Teig kann man dann entweder von Hand auf einem nassen Holzbrettchen mit einem Spätzleschaber in kochendes, heißes Wasser mit Salz schaben oder durch eine Spätzlemaschine drücken.

Wenn die Spätzle oben schwimmen mit einem Schaumlöffel entnehmen und kurz abschrecken.

Rostbraten

Von gut abgelagertem Rinder-Rippenstück (warm/süß) ca. 2 cm dicke Fleischscheiben verwenden.

Salz (kalt/salzig), Pfeffer (heiß/scharf), geschnittene Zwiebel (warm/scharf und süß) und nach Belieben gekochte Kartoffelwürfel (neutral/süß).

Zum Ablöschen Rinderbrühe, Rapsöl (warm/scharf) zum Braten

Zubereitung

Das Fett stark erhitzen, unter raschem Wenden die Fleischstücke anbraten, bis sich das Fleisch weich anfühlt. Würzen, geschnittene Zwiebeln und Kartoffelwürfel dazugeben.

Das Fleisch herausnehmen und den Bratensatz mit Rinderbrühe ablöschen und über das Fleisch geben.

LAMMKOTELETTS IM OFEN AUF KARTOFFELN MIT FRISCHEM ROSMARIN

Zutaten

1 kg Kartoffeln (neutral/süß),
Salz (kalt/salzig),
Pfeffer (heiß/scharf),
100 g Butter (neutral/süß),
frischer Rosmarin (warm/scharf und bitter),
2–3 gekochte Tomaten (kalt/süß und sauer),
1 Zwiebel (warm/scharf und süß),
pro Person 1-2 dünne Scheiben Lammkotelett (heiß/süß)

Zubereitung

Die Kartoffeln kochen, schälen und in grobe Scheiben schneiden. Diese auf ein gefettetes Backblech legen, mit Rosmarin, Salz und Pfeffer bestreuen. 2–3 gekochte Tomaten werden zerteilt und dazwischengelegt. Dann Lammkoteletts salzen, pfeffern und darauf legen. Die Zwiebelscheiben auf die Koteletts legen. Über das ganze Gericht Butterflöckchen verteilen. Bei 200°C ca. 30 Minuten im Ofen backen.

Durch das heiße Temperaturverhalten des Lammfleischs ist es im Winter bestens für eine wärmende Mahlzeit geeignet.

Die vom Temperaturverhalten her kalten Tomaten sind ein kleiner, gewünschter energetischer Ausgleich innerhalb des Rezepts.

SCHWARZMUS-SCHMARREN MIT SCHWARZWURZELGEMÜSE

Zutaten

250 g Schwarzmusmehl (neutral bis leicht warm),
1/4 l Dickmilch (neutral/süß),
1/4 l Mineralwasser (kalt/salzig),
3 EL Sonnenblumenöl (kühl/süß),
Salz (kalt/salzig), 500 g Schwarzwurzeln (kühl/süß und bitter),
1-2 EL Essig (warm/sauer und bitter),
1 EL Zitronensaft (kühl/sauer),
1 EL Butter (neutral/süß),
3 EL Creme fraiche (neutral/süß),
schwarzer frisch gemahlener Pfeffer (heiß/scharf), 2 EL frisch gehackte Petersilie (warm/scharf, bitter und salzig)

Zubereitung Schmarren

Schwarzmusmehl mit Dickmilch, Mineralwasser, 2 EL Öl und wenig Salz zu einem glatten Teig verrühren und 45 Minuten quellen lassen.

Zubereitung Schwarzwurzelgemüse

Die Wurzeln gründlich schälen, waschen, in kleine Stücke schneiden und sofort in Essigwasser legen, damit sie sich nicht verfärben.
Etwa 1/2 l Wasser mit Zitronensaft und Salz zum Kochen bringen. Schwarzwurzeln in das kochende Wasser geben und bei mittlerer Hitze ca. 15 Minuten garen. Abgießen und abtropfen lassen.
1 EL Öl in einer Pfanne erhitzen, den Schwarzmusmehlteig einfüllen und bei mittlerer Hitze so lange backen, bis er an den Rändern fest wird.
Den Pfannkuchen wenden und auf der anderen Seite backen, dann mit 2 Gabeln in Stücke zerteilen und den Schmarren unter weiterem Wenden 2 Minuten backen, dann aus der Pfanne nehmen und warm halten.
Die Butter erhitzen, die Schwarzwurzeln darin anbraten und Creme fraiche unterrühren, mit Salz und Pfeffer abschmecken und mit frisch gehackter Petersilie bestreut servieren.

HEIMISCHES GEMÜSE AUS DEM WOK

Zutaten
1 Zwiebel (warm/scharf und süß),
$^1/_2$ Kopf Wirsing (kühl/süß),
$^1/_2$ Kopf Weißkohl (neutral/süß),
$^1/_2$ Stange Lauch (warm/scharf und süß),
3-4 Möhren (neutral/süß),
Salz (kalt/salzig), Pfeffer (heiß/scharf),
Gemüsebrühe,
3-4 EL Sonnenblumenöl (kühl/süß)
zum anbraten

Zubereitung
Das Öl in einem Wok erhitzen, dann mit dem Anbraten der in feine Würfel geschnittenen Möhren und Zwiebel beginnen und nach und nach die restlichen, gewaschenen und grob geschnittenen Gemüsesorten zufügen und umrühren.
Wenn das Gemüse weich gedünstet ist, mit etwas Gemüsebrühe ablöschen und noch kurz weiter köcheln lassen.
Dazu passt Polenta, Reis oder Spätzle.

FORELLENFILETS MIT SCHMAND UND MANDELN

Zutaten
500 g Forellenfilets (warm/süß und sauer),
1 $^1/_2$ Becher Schmand (neutral/süß),
Salz (kalt/salzig), Pfeffer (heiß/scharf),
Mandelblättchen (neutral/süß und bitter),
Saft einer halben Zitrone (kalt/sauer),
Butter (neutral/süß) zum Einfetten der Auflaufform

Zubereitung
Die Forellenfilets unter fließendem kaltem Wasser waschen, dann trocken tupfen. In eine mit Butter gefettete Auflaufform nebeneinander legen und mit dem Zitronensaft beträufeln. Den Schmand in einer kleinen Schüssel mit Salz und Pfeffer glatt rühren, dann über die Forellenfilets verteilen. Mandelblättchen darüber streuen und bei 180°C ca. 30 Minuten im Ofen backen.
Dazu passen Reis oder Salzkartoffeln.

BRATKARTOFFELN MIT ROSENKOHL UND RINDERHACKFLEISCHFRIKADELLEN

Zutaten

500 g Kartoffeln (neutral/süß),
500 g Rosenkohl (warm/süß und bitter),
300 g Rinderhackfleisch (warm/süß),
Salz (kalt/salzig), Pfeffer (heiß/scharf),
Rosenpaprika (warm/süß, scharf und bitter),
1 Ei (neutral/süß),
1-2 altbackene Brötchen,
Petersilie fein geschnittene
(warm/scharf, bitter und salzig),
2-3 EL geschmolzene Butter (neutral/süß)
zum Schwenken des Rosenkohl, ggf. noch
1-3 EL feine Haferflocken (warm/süß),
Sonnenblumenöl (kühl/süß) zum anbraten

Zubereitung Bratkartoffeln

Die Kartoffeln kochen bis sie weich sind, dann herausnehmen, kurz unter kaltem Wasser schwenken, erkalten lassen, schälen und in Sonnenblumenöl in der Pfanne mit Salz und Pfeffer abgeschmeckt anbraten.

Zubereitung Rosenkohl

Den Rosenkohl gut putzen, waschen und in Salzwasser weich kochen. In etwas Butter schwenken, salzen und heiß servieren.

Zubereitung Rinderhackfrikadellen

Die altbackenen Brötchen in kleine feine Würfel schneiden und zum Hackfleisch geben, ebenso das Ei und die Gewürze (Salz, Pfeffer, Petersilie und etwas Rosenpaprika). Wenn der Teig sich nicht gut formen lässt, gibt man noch Haferflocken zu und stellt ihn ½ Stunde in den Kühlschrank. Dann die Frikadellen formen und in das heiße Sonnenblumenöl geben, kurz von beiden Seiten anbraten, dann auf etwas kleinerer Hitze weiterbraten und alles heiß zusammen servieren.

WÄRMENDER GEWÜRZKUCHEN

Zutaten

4 Eigelb (neutral/süß),
80 g Vollrohrzucker (warm/süß),
125 g Butter (neutral/süß),
1 Msp. Kardamom (warm/scharf und bitter),
1 TL geriebener frischer Ingwer (warm/scharf), 1 TL Zimt (heiß/süß und scharf),
1 Msp. Nelkenpulver (warm/scharf),
1 Msp. Muskat (warm/scharf),
1 Msp. Salz (kalt/salzig),
1 Spritzer Zitronensaft (kühl/sauer),
1 abgeriebene Orangenschale (warm/bitter und scharf),
60 g geriebene Bitterschokolade (warm/bitter und süß),
4 Eiweiß (neutral/süß),
1 Prise Salz (kalt/salzig),
175 g Weizenmehl (kühl/süß),
1/2 P. Weinsteinpulver

Zubereitung

Das Eigelb der 4 Eier mit dem Vollrohrzucker und der weichen Butter schaumig schlagen. Dann Kardamom, Ingwer, Zimt, Nelke, Muskat, Salz, Zitronensaft, Orangenschale und Bitterschokolade zugeben und vermengen. Von den 4 Eiweiß Eischnee schlagen (gelingt am besten, wenn man 1 Prise Salz hinzufügt), unter die zubereitete Teigmasse geben, das Mehl mit dem vermischten Weinsteinpulver fein sieben und vorsichtig unterheben. Den Teig in eine gebutterte Kastenform füllen und bei 175°C 1 Stunde backen.

GEBACKENER ZWETSCHGENNACHTISCH

Zutaten

250 g gedünstete Zwetschgen (neutral/süß und sauer),
125 g Dinkelmehl (neutral und leicht warm),
125 g Rohrzucker (warm/süß),
etwas Vanille (warm/süß),
4 Eier (neutral/süß),
1/2 P. Weinsteinpulver,
1 Prise Salz (kalt/salzig),
3/4 l Vollmilch (neutral/süß),
Butter (neutral/süß) für die Form

Zubereitung

Wichtig: Backofen auf 240°C vorheizen.

Das Mehl in eine Schüssel geben, Rohrzucker, Vanille, Salz und Backpulver damit vermischen. In die Mitte eine Vertiefung drücken und die Eier hineingeben. Dann mit einem Kochlöffel langsam untermischen und die Zutaten zu einem glatten Teig verrühren.

In einem Kochtopf die Milch zusammen mit den Zwetschgen erhitzen. Die Milch mit den Zwetschgen langsam auf den Teig gießen und die Zwetschgen zuletzt hineinfallen lassen. Das Ganze rasch in eine gebutterte Springform füllen und in den heißen Backofen schieben. 10 Minuten bei 240°C backen, dann den Ofen auf 200°C herunterdrehen und weitere 30 Minuten backen.

HAFERFLOCKENKEKSE MIT SCHWARZEM SESAM

Zutaten

250 g Butter (neutral/süß),
500 g kernige Haferflocken (warm/süß),
250 g Rohrzucker (warm/süß),
3 Eier (neutral/süß),
50 g Dinkelmehl
(neutral bis leicht warm),
50 g schwarzer Sesam (neutral/süß)

Zubereitung

Butter erhitzen, die Haferflocken und den Sesam zufügen, unterrühren und erkalten lassen. Zucker mit den Eiern verrühren und zu den Haferflocken geben. Häufchen auf ein gefettetes Blech oder Backpapier setzen. Im vorgeheizten Ofen bei 190°C ca. 15 Minuten backen. Kekse vom Blech nehmen und auf einem Kuchengitter abkühlen lassen. (Ergibt ca. 70 Stück)

Diese Kekse können sie in einer Blechdose bis zu 2 Wochen aufbewahren. Sie sind eine ideale Pausen- oder Zwischenmahlzeit für Kinder. Haferflocken haben ein warmes Temperaturverhalten und nähren und wärmen den mittleren Erwärmer. Nervosität, Unruhe und Konzentrationsstörungen treten dann auf, wenn der mittlere Erwärmer nicht gut ernährt ist. Hafer beruhigt zudem den Geist aus Sicht der chinesischen Medizin. In der europäischen Phytotherapie wird er auch bei Schlafstörungen angewendet.

WALNUSSBROT

Zutaten 3 Eier (neutral/süß),
150 g Vollrohrzucker (warm/süß),
200 g gehackte Walnüsse (warm/süß),
125 g Zitronat und Orangeat,
1 Prise Salz (kalt/salzig),
500 g Dinkelmehl (neutral bis leicht warm/süß),
1 P. Weinsteinpulver

Zubereitung

Die Eier mit Vollrohrzucker schaumig schlagen, mit den gehackten Walnüssen, Zitronat und Orangeat und 1 Prise Salz gut verrühren, zuletzt das Mehl mit Weinsteinpulver unterkneten. Teig in 6 Portionen teilen.

Jede Portion mit etwas Mehl zu ca. 6 cm langem und 3 cm hohem Brot formen. Auf gefettetem Backblech bei 190°C 15-20 Minuten backen.

Vor dem Backen mit Mischung aus 1 Eigelb und evtl. etwas Kondensmilch bestreichen.

SALZ UND SESAM STÄRKEN BEIDE DIE NIEREN-ENERGIE. SO KANN MAN SALZ ETWAS EINSPAREN UND DURCH DEN SESAM DENNOCH EINE WIRKUNGSVOLLE WÜRZE HERSTELLEN, DIE UNS IM WINTER BESONDERS GUT TUT.

GOMASIO Tipp

Eine Spezialität, die sehr einfach herzustellen ist und die Salz einsparen kann. Probieren Sie es aus und ersetzen Sie normales Salz bei Tisch einmal durch Gomasio.

Zutaten 20 Teile Sesam (neutral/süß),
schwarzer Sesam wirkt sich, wegen seiner Farbe, die der Nieren-Energie zugeordnet wird, noch stärker auf dieselbe aus,
1 Teil grobes Meersalz (kalt/salzig)

Zubereitung

Sesam und Salz zusammen in einer Pfanne trocken rösten bis der Sesam duftet, dann zusammen mit dem Meersalz im Mörser zerstoßen oder mit dem elektrischen Küchenhelfer zerkleinern.

WALNUSSWÜRZE MIT KNOBLAUCH

Tipp

Sämige Soße für grüne Salate, aber auch gut zu Kartoffeln und in Reissalat. Diese Soße mit überwiegend warmen Zutaten und Walnüssen stärken ganz besonders die Nieren-Energie. Morphologisch sehen sie dem Gehirn ähnlich, welches ebenfalls der Nieren-Energie in der chinesischen Medizin zugeordnet wird.

Zutaten
100 g Walnusskerne (warm/süß),
3 Schalotten (warm/scharf und süß),
1 EL fein gehackte frische Petersilie (warm/scharf, bitter und salzig),
6 EL Olivenöl (kühl/süß),
1 TL Salz (kalt/salzig),
3 EL Obstessig (warm/sauer und bitter)

Zubereitung
Die Nüsse mit dem Rücken eines Holzlöffels oder dem Nudelholz zerdrücken und die Schalotten ganz fein hacken. Alle Zutaten miteinander verrühren. Soße vor Gebrauch ca. 30 Minuten durchziehen lassen.

„PROSIT NEUJAHR“

ZUM JAHRESWECHSEL SHRIMPSSPIESSCHEN MIT WALNUSSWÜRZE

Shrimps wird ein warmes Temperaturverhalten zugeordnet, welches in einer kalten Silvesternacht zum energetischen Ausgleich geradezu benötigt wird. Der Geschmack ist salzig, womit wir bei der Wandlungsphase Wasser wären, die nun gerade vorherrscht. Sie wird speziell durch den salzigen Geschmack gestärkt. Insofern passen Shrimps, die auf Spießchen gesteckt und in eine Walnusswürze getaucht werden, sehr gut zu einem Glas Sekt in einer solch kalten Winternacht.

weihnachtsmenü
Frohes Fest

ROSENKOHLCREMESUPPE

Zutaten

200 g Rosenkohl (warm/süß und bitter), 100 g Kartoffeln (neutral/süß), 1 Zwiebel (warm/scharf und süß), 1 EL Butter (neutral/süß), 1/4 l Gemüsebrühe, 1/4 l Milch (neutral/süß), 1 TL Salz (kalt/salzig), 1/2 TL weißer Pfeffer (heiß /scharf), Muskat nach Geschmack (warm/scharf), 1/2 Becher Crème fraiche (kalt/süß und sauer). 1 TL Salz (kalt/salzig) für das Kochwasser des Gemüses

Zubereitung

Rosenkohl und Kartoffeln in einen Topf mit Wasser geben, 1 TL Salz dazu geben und kochen, bis das Gemüse weich ist. Dann abgießen, die Kartoffeln schälen und klein schneiden. Von 1-2 Rosenkohl die Blättchen abzupfen und zum Garnieren aufbewahren. Die Butter in einem Topf schmelzen, die klein geschnittene Zwiebel darin glasig dünsten und mit der Gemüsebrühe aufgießen. Die Kartoffeln zugeben und fein pürieren. Dann den Rosenkohl klein schneiden und zugeben, ebenso die Milch und die Gewürze. Alles nochmals auf kleiner Flamme 10 Minuten köcheln lassen und in den Suppentellern anrichten. 1 EL Crème fraîche in die Mitte geben und die Rosenkohlblättchen darüber streuen.

GESCHMORTES REHRAGOUT MIT ROTWEIN, QUITTENGELEE UND SPÄTZLE

(siehe Grundrezept Spätzle S. 118)

Zutaten

750 g Rehragoutfleisch (in große Würfel geschnitten) (warm/süß), 70 g Butterschmalz (neutral/süß), 2 Zwiebeln (warm/scharf und süß), 2 Kartoffeln mittlerer Größe (neutral/süß), 2 Möhren (neutral/süß), 1 Lorbeerblatt (warm/scharf), 3-5 Wacholderbeeren (warm/bitter und scharf), 1 TL getrockneter Thymian (warm/bitter und scharf), 2-3 TL Salz (kalt/salzig), 2 TL frisch gemahlener Pfeffer (heiß/scharf), $^{1}/_{4}$ l Wildfond, $^{1}/_{2}$ l Rotwein (heiß/scharf und bitter), 200 g Crème fraiche (kalt/süß und sauer), 1 Glas Quittengelee (Quitte =kühl/bitter und süß). Am besten gelingt das Gericht in einem Römertopf, den Sie einige Stunden vorher wässern sollten.

Zubereitung

Zunächst den Backofen auf 190°C vorheizen. Dann den Butterschmalz in einem Topf auf dem Herd erhitzen und das gewürfelte Rehfleisch darin anbraten. Danach herausnehmen und in den gewässerten Römertopf geben. Die geputzten und fein geschnittenen Möhren, Zwiebeln, Kartoffeln und Gewürze zugeben. Mit dem Wildfond und dem Rotwein aufgießen, den Römertopf mit dem Deckel verschließen und in den vorgeheizten Ofen schieben. 90-120 Minuten schmoren lassen, ab und zu umrühren. Dann die Fleischstücke herausnehmen und die entstandene Soße mit einem Pürierstab sämig pürieren. Crème fraiche einrühren, das Fleisch hineingeben und mit frischen Spätzle servieren. Das Quittengelee an die Seite des Tellers geben. Es gibt dem äußerst warmen Gericht den nötigen kühlenden Gegeneffekt zum Ausgleich und schmeckt vorzüglich zu Rehfleisch.

ZWETSCHGEN-ZIMTKOMPOTT MIT MARZIPAN UND MANDELPLÄTTCHEN

Zutaten

500 g Zwetschgen (neutral/süß und sauer),
150 g Rohrzucker (warm/süß),
50 g Marzipan (warm/süß),
100- 150 ml Wasser,
2 TL Zimt (heiß/süß und scharf)
50 g Mandelplättchen (neutral/süß und bitter), 4 TL flüssige süße Sahne (neutral/süß) zum Garnieren

Zubereitung

Die Zwetschgen entsteinen und kurz in kochendes Wasser legen, herausnehmen und abkühlen lassen. Danach lässt sich die Haut sehr gut entfernen.
Die klein geschnittenen Früchte in einen Topf geben und mit Wasser, Zimt, klein geschnittenem Marzipan und Rohrzucker 30 Minuten auf kleiner Flamme schmoren. Kurz vor dem Servieren die Mandelplättchen unterrühren. In Schälchen anrichten, zum Garnieren die flüssige Sahne mit einem kleinen Löffel darübergießen und alles warm servieren.

TEMPERATURVERHALTEN UND GESCHMACK DER AM HÄUFIGSTEN IM BUCH VERWENDETEN LEBENSMITTEL

LEBENSMITTEL	TEMPERATURVERHALTEN	GESCHMACK
Anis	warm	süß/scharf
Apfel	kühl	süß/sauer
Banane	kalt	süß
Bärlauch	warm	scharf
Basilikum	warm	bitter/scharf/süß
Birne	kühl	süß/sauer
Blumenkohl	neutral	süß
Bohnen	neutral	süß
Brunnenkresse	kühl	sauer/bitter
Buchweizen	neutral	süß/bitter
Butter	neutral	süß
Buttermilch	kühl	süß/sauer
Champignon	kühl	süß
Chicorée	kalt	bitter
Chili	heiß	scharf
Chinakohl	kühl	süß
Curry	heiß	bitter/scharf
Dinkel	neutral	süß
Endivie	kühl	bitter
Erdbeeren	kühl	süß/sauer
Essig	warm	sauer/bitter
Esskastanien	warm	süß
Feldsalat	neutral	bitter/süß
Forelle	warm	süß/sauer
Frühlingszwiebel	warm	scharf
Gerste	kühl	süß/salzig
Grünkern	neutral	süß/sauer

Gurke	kühl	süß
Hafer	warm	süß
Haselnüsse	neutral	süß
Himbeeren	warm	süß/sauer
Hirse	neutral	süß/salzig
Honig	neutral	süß
Huhn	warm	süß
Hühnerei	neutral	süß
Ingwer, frisch	warm	scharf
Ingwer, getrocknet	heiß	scharf
Joghurt	kalt	süß/sauer
Johannisbeere	kühl	süß/sauer
Kaffee	warm	bitter
Kakao	warm	bitter/süß
Kardamom	warm	scharf/bitter
Kartoffeln	neutral	süß
Kichererbsen	kühl	süß/salzig
Kirschen	warm	süß/scharf
Kohlrabi	neutral	süß/scharf
Krabben	kalt	salzig
Kuhmilch	neutral	süß
Kürbis	warm	süß
Lamm	heiß	süß
Lauch	warm	scharf/süß
Linsen	neutral	süß
Löwenzahn	kalt	bitter
Mais	neutral	süß
Mandeln	neutral	süß/bitter
Mangold	kühl	süß
Meerrettich	warm	scharf
Mineralwasser	kalt	salzig
Orange	kühl	süß/sauer

Petersilie	warm	scharf/bitter/salzig
Pfeffer	heiß	scharf
Pfefferminze	kühl	scharf/süß
Quark	kühl	süß/sauer
Reis	neutral	süß
Rettich	kühl	süß/scharf
Rhabarber	kalt	sauer
Rindfleisch	warm	süß
Roggen	neutral	süß/bitter
Rosenkohl	warm	süß/bitter
Rosinen	warm	süß
Rote Bete	neutral	süß
Rotkohl	neutral	süß
Sahne	neutral	süß
Salat, grüner	kalt	bitter/süß
Salz	kalt	salzig
Sauerampfer	neutral	sauer
Saure Sahne	kühl	sauer
Schinken, roh	heiß	salzig
Schnittlauch	warm	scharf
Schweinefleisch	neutral	süß/salzig
Sellerie	kühl	süß/scharf
Sesam	neutral	süß
Shrimps	warm	salzig
Sojasoße	kalt	salzig
Sonnenblumenkerne	neutral	süß
Sonnenblumenöl	kühl	süß
Spargel	kalt	süß/bitter
Spinat	kühl	süß
Stachelbeeren	kühl	süß/sauer
Staudensellerie	kühl	süß
Tomaten	kalt	süß/sauer

Vanille	warm	süß
Wacholderbeeren	warm	bitter/scharf
Walnüsse	warm	süß
Weißkohl	neutral	süß
Weizen	kühl	süß
Weizenbier	kühl	bitter
Wirsing	kühl	süß
Zimt	heiß	süß/scharf
Zitrone	kühl	sauer
Zucker	warm	süß
Zwetschge	neutral	süß/sauer
Zwiebel	warm	scharf/süß

VERWENDETE QUELLEN:

Uwe Siedentopp, Hans-Ulrich Hecker: Praxishandbuch chinesische Diätetik

Ulrike von Blarer-Zalokar, Barbara Fendrich, Karin Haas, Petra Kamb, Eva Rüegg: Praxisbuch Nahrungsmittel und chinesische Medizin

C.Focks, N. Hillebrand: Leitfaden Traditionelle chinesische Medizin

Manuela Heider de Jahnsen: Das große Handbuch der chinesischen Ernährungslehre

Florian Ploberger: Westliche Kräuter aus Sicht der traditionellen chinesischen Medizin

Engelhardt/ Hempen: Chinesische Diätetik

Barbara Temelie/ Beatrice Trebuth: Die Fünf Elemente Ernährung für Mutter und Kind

Eigene Mitschriften während der Ausbildung bei Frau Susanne Peroutka, Wien, Wiener Schule für Traditionelle chinesische Medizin

Eigene Mitschriften während der Ausbildung bei Herrn Stefan Kirchhoff und Herrn Thomas Kempfle, Universität Witten/Herdecke

Eigene Mitschriften während der Ausbildung bei Herrn Dr.med.oec.troph. Uwe Siedentopp